3 文と文とのつながりを捉える

❶ 接続語を手掛かりに、一文一文の論理的なつながりを把握する。

主な接続語の働きを理解しよう。

1 **話題の転換**	さて・ところで・次に・いったい・ときに
2 **逆接**	しかし・だが・とはいえ・ところが・けれど
3 **順接**	そして・そこで・だから・したがって・その結果・すると
4 **並列・添加**	そして・それから・そのうえ・また・なお・しかも・さらに・および・そればかりでなく
5 **対比・選択**	むしろ・かえって・もしくは・というよりは・その反面・どちらかといえば
6 **理由・補足**	なぜなら・というのは・もっと
7 **言い換え・要約**	つまり・すなわち・要するに・

中には複数の働きを持つものもある。接続語が用い場合は、前後の関係や文脈から判断して、接続語を補のつながりを捉えよう。

❷ 指示語を手掛かりに文脈をつかむ。

主な指示語は次のとおり。

これ・それ・あれ　ここ・そこ・あそこ　この・
こう・そう・ああ　こんな・そんな・あんな　前者・後者

指示語のさし示す内容は、語句・文・文章・段落とさまざまなので、常に指示内容の範囲がどこまでかを考える。指示内容は指示語の前にある場合が多いが、あとにある場合もあるので注意する。指示内容を答える場合は、その終わり方を考え、指示語の位置に指示内容を入れてみて、文意が正しく通るかを確かめよう。

4 段落相互の関係を読み取る

改行から次の改行までの文の集まり（一文の場合もある）を形式段落、形式段落を内容面で集めたまとまりを**意味段落（大段落）**という。段落には、問題提起・展開（具体例・考察・説明）・結論・補足などの役割がある。意味段落にまとめる際には、以下に注意しよう。

❶ 一つ一つの形式段落の意味内容を確認する。

❷ 接続語に注意して、形式段落相互のつながりを考え、論の展開を確認する。段落相互のつながりを読み取って、内容の変わり目を意味段落の切れ目と考える。

意味段落相互の関係を捉えて、文章全体の構成を把握することも大切だ。**三段型（序論→本論→結論）**と**四段型（起→承→転→結）**が多いが、次のパターンもある。（■＝結論の段落　□＝展開の段落）

① **頭括型**
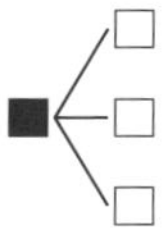
② **尾括型**
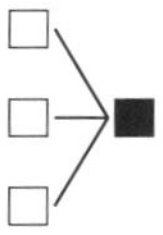
③ **双括型**
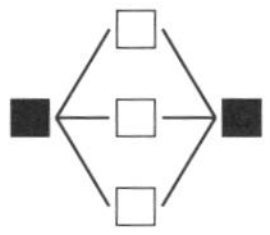

● 大意・要旨・主題（テーマ）について

大意は、原文の縮小、あらすじと考え、各段落の要点や構成を考えながら、叙述の順に従って全体的にまとめればよい。

要旨は、文章に書かれた最も中心的な事柄をまとめたものだ。筆者の主張が最もよく表れている段落（結論の段落）を中心にまとめればよいのだが、その際、**主題**と密接な関係にある**トピックセンテンス**や**キーワード**を見落とさないことが重要だ。

はしがき

『ニューフェイズ』シリーズは、基礎レベルから大学入試レベルへとステップアップしながら、新しい入試にも対応できる力を養成することをねらいとした問題集シリーズです。幅広いジャンルから厳選した良質な文章を数多く読み込むことで、あらゆる文章に対応できる読解力が身につくように構成しています。また、大学入学共通テストをはじめとする、さまざまな大学入試の出題傾向を参考にした、「評論×評論」「評論×図」「実用文×評論」「小説×随想」などの豊富な文種の問題を収録しています。

本書の特色

一、二次元コードからアクセスできる「本文を読む前に」で、本文のジャンルや話題について動画で解説しています。問題に取り組む前に活用することで、より本文の内容理解を深めることができます。

使い方のポイント

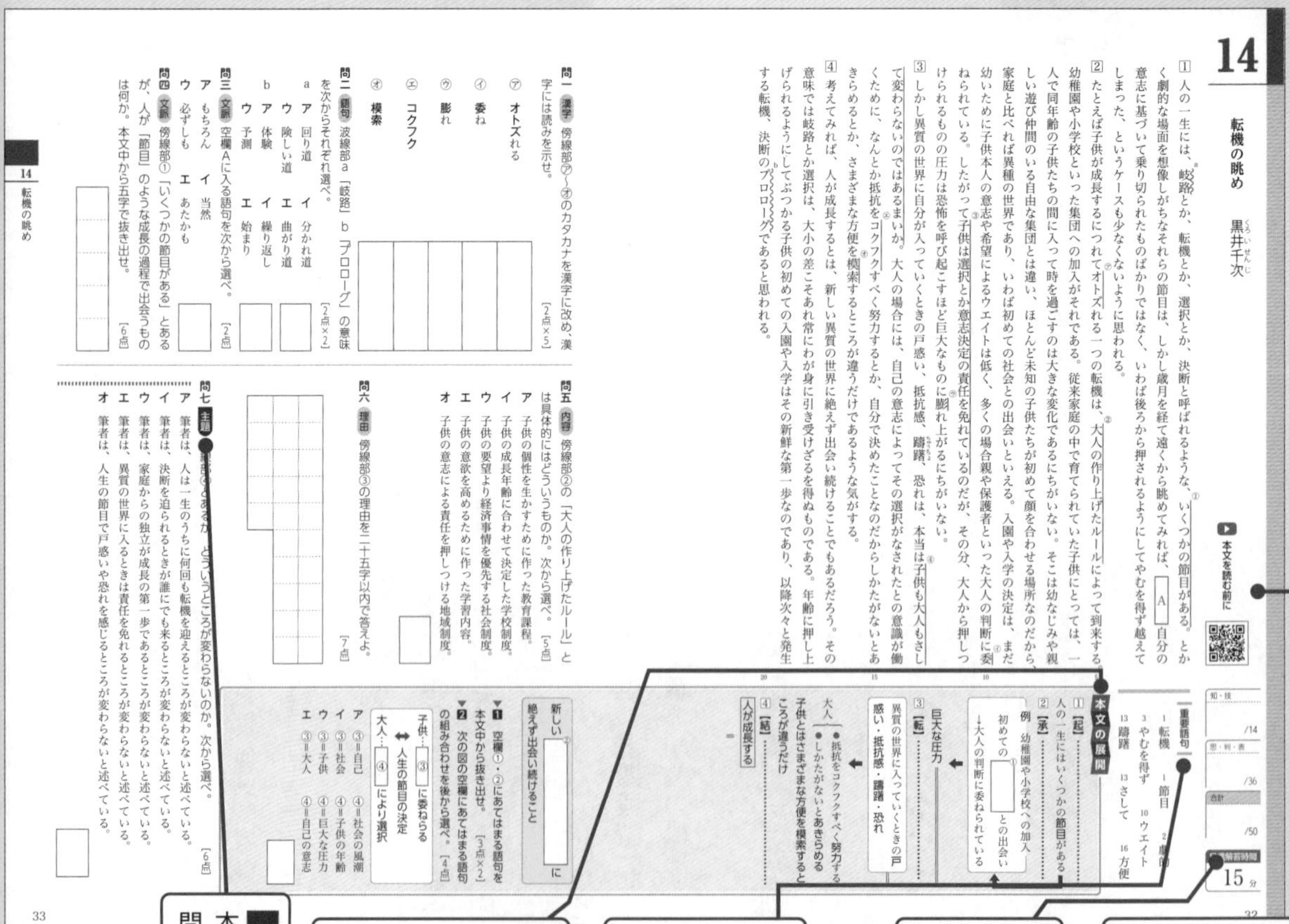
14

転機の眺め　黒井千次

1 人の一生には、岐路とか、転機とか、選択とか、決断と呼ばれるような、いくつかの節目がある。とかく劇的な場面を想像しがちなそれらの節目は、しかし歳月を経て遠くから眺めてみれば、[A]自分の意志に基づいて乗り切られたものばかりではなく、いわば後ろから押されるようにしてやむを得ず越えてしまった、というケースも少なくないように思われる。

2 たとえば子供が成長するにつれてオトズれる一つの転機は、大人の作り上げたルールによって到来する。幼稚園や小学校といった集団への加入がそれである。従来家庭の中で育てられていた子供にとっては、一人で同年齢の子供たちの間に入って時を過ごすのは大きな変化であるにちがいない。そこは幼なじみや親しい遊び仲間のいる自由な集団とは違い、ほとんど未知の子供たちが初めて顔を合わせる場所なのだから、家庭と比べれば異種の世界であり、いわば初めての社会との出会いといえる。入園や入学の決定は、まだ幼いために子供本人の意志や希望によるウエイトは低く、多くの場合親や保護者といった大人の判断に委ねられている。したがって子供は選択とか意志決定の責任を免れているのだが、その分、大人から押しつけられるものの圧力は恐怖を呼び起こすほど巨大なものに膨れ上がるにちがいない。

3 しかし異質の世界に自分が入っていくときの戸惑い、抵抗感、躊躇、恐れは、本当は子供も大人もさして変わらないのではあるまいか。大人の場合には、自己の意志によってその選択がなされたとの意識が働くために、なんとか抵抗をコクフクすべく努力するとか、自分で決めたことなのだからしかたがないとあきらめるとか、さまざまな方便を模索するところが違うだけであるような気がする。

4 考えてみれば、人が成長するとは、新しい異質の世界に絶えず出会い続けることでもあるだろう。その意味では岐路とか選択は、大小の差こそあれ常にわが身に引き受けざるを得ぬものである。年齢に押し上げられるようにしてぶつかる子供の初めての入園や入学はその新鮮な第一歩なのであり、以降次々と発生する転機、決断のプロローグであると思われる。

本文を読む前に

問一 漢字 傍線部㋐〜㋔のカタカナを漢字に改め、漢字には読みを示せ。〔2点×5〕
㋐ オトズれる　㋑ 委ね　㋒ 膨れ　㋓ コクフク　㋔ 模索

問二 語句 波線部a「岐路」b「プロローグ」の意味を次からそれぞれ選べ。〔2点×2〕
a ア 回り道　イ 分かれ道　ウ 険しい道　エ 曲がり道
b ア 体験　イ 繰り返し　ウ 予測　エ 始まり

問三 文脈 空欄Aに入る語句を次から選べ。〔2点〕
ア もちろん　イ 当然　ウ 必ずしも　エ あたかも

問四 文脈 傍線部①「いくつかの節目がある」とあるが、人が「節目」のような成長の過程で出会うものは何か。本文中から五字で抜き出せ。〔6点〕

問五 内容 傍線部②の「大人の作り上げたルール」とは具体的にはどういうものか。次から選べ。〔5点〕
ア 子供の個性を生かすために作った教育課程。
イ 子供の成長年齢に合わせて決定した学校制度。
ウ 子供の要望より経済事情を優先する社会制度。
エ 子供の意欲を高めるために作った学習内容。
オ 子供の意志による責任を押しつける地域制度。

問六 理由 傍線部③の理由を二十五字以内で答えよ。〔7点〕

問七 主題 傍線部④とあるが、どういうところが変わらないのか。次から選べ。〔6点〕
ア 筆者は、人は一生のうちに何回も転機を迎えるところが変わらないと述べている。
イ 筆者は、決断を迫られるときが誰にでも来るところが変わらないと述べている。
ウ 筆者は、家庭からの独立が成長の第一歩であるところが変わらないと述べている。
エ 筆者は、異質の世界に入るときは責任を免れるところが変わらないと述べている。
オ 筆者は、人生の節目で戸惑いや恐れを感じるところが変わらないと述べている。

重要語句　1 転機　1 節目　2 歳月　3 やむを得ず　10 ウエイト　13 躊躇　13 さして　16 方便

本文の展開
1【起】人の一生にはいくつかの節目がある
2【承】例 幼稚園や小学校への加入　初めての［①］との出会い　→大人の判断に委ねられている
3【転】巨大な圧力　異質の世界に入っていくときの戸惑い・抵抗感・躊躇・恐れ　大人 ●抵抗をコクフクすべく努力する ●しかたがないとあきらめる　子供とはさまざまな方便を模索するところが違うだけ
4【結】人が成長する＝新しい［②］に絶えず出会い続けること

▼1 空欄①・②にあてはまる語句を本文中から抜き出せ。〔3点×2〕
▼2 次の図の空欄にあてはまる語句の組み合わせを後から選べ。〔4点〕
子供…［③］に委ねらる ⇔ 人生の節目の決定 大人…［④］により選択
ア ③＝自己　④＝社会の風潮
イ ③＝社会　④＝子供の年齢
ウ ③＝子供　④＝巨大な圧力
エ ③＝大人　④＝自己の意志

知・技 /14　思・判・表 /36　合計 /50　目標解答時間 15分

▶本文を読む前に
本文のジャンルや話題について解説した動画で理解を深める。

目標解答時間
それぞれの大問ごとに目安となる解答時間を設定。

重要語句
本文の読解に欠かせない語句を掲載。解説で意味を確認できる。

本文の展開
文章の流れを図式で整理。ポイントとなる部分の穴埋め、本文の構成に関する問いを設置。

主題の問い
本文の主題に関する問いを設置。

二、本文読解に役立つ語句を「重要語句」として掲載しています。語の意味は解答解説編で確認することができます。語注や「重要語句」の上の数字は本文に出現する行番号を表しています。

三、問題演習は、「本文の展開」と「設問」で構成し、各回に計50点を配点しました。

「本文の展開」では、文章の流れを図式化して整理し、ポイントとなる部分を穴埋め問題にしています。また、**共通テストのノート型問題**にも出題されている、本文の構成に関する問いに取り組むことができます。

「設問」は、「知識・技能」と「思考力・判断力・表現力」で色分けし、それぞれの点数を集計する採点欄を設けています。

四、巻末付録の「技能別採点シート」では、各設問に付いている「設問区分」ごとの点数を集計することができ、自分の弱点を把握することができます。

※本シリーズで取り上げた本文は、問題集の体裁上の配慮により、原典から文章の中略や表記の変更を行ったものもあります。

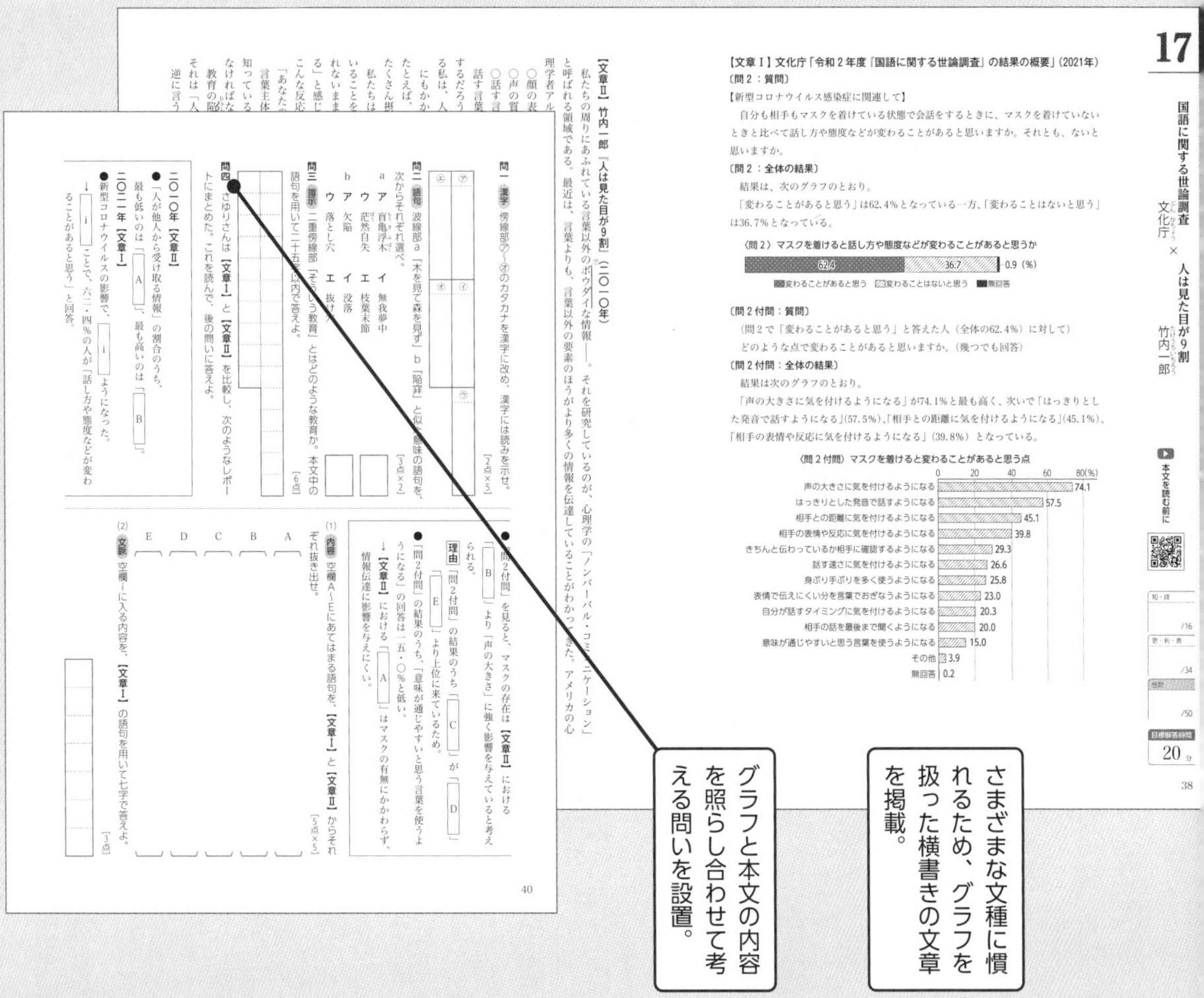

さまざまな文種に慣れるため、グラフを扱った横書きの文章を掲載。

グラフと本文の内容を照らし合わせて考える問いを設置。

ニューフェイズ 現代文2

目次

解答のルール

解答欄のマス目の使い方

一マスに一字が基本。とくに指示がない場合、句読点や記号、カギカッコなども字数に数える。

原稿用紙とは違うので、行末のマス目に文字と句読点などをいっしょに入れないようにしよう。

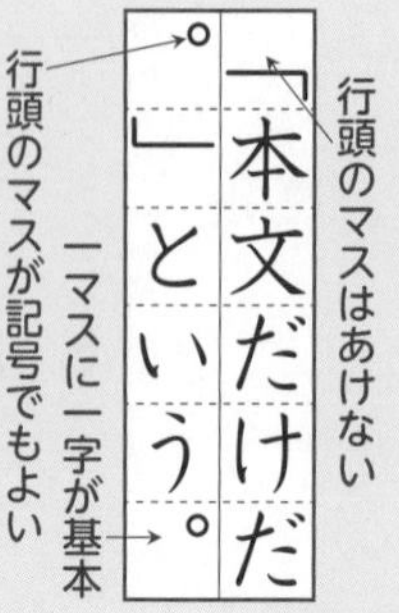

字数指定の答え方

十字以内で答えよ
↓十字を超えないで答える。

十字程度で答えよ
↓十字を少し超えてもよい。

これらの場合、指定字数の八割以上で答えよう。

十字で答えよ
↓十字ぴったりで答える。

八字以上十字以内で答えよ
↓八字から十字までで答える。

記述問題の答え方

説明を求められる場合

～はなぜか
↓解答の文末を「～から。」「～ので。」とする。

～はどういうことか
↓解答の文末を「～こと。」とする。

～はどのような制度か答えよ
↓解答の文末を「～（という）**制度**。」とする。

このように、問われている対象の語句で結ぶとよい。

1 「わかる」ということ

野矢茂樹(のやしげき)

▶ 本文を読む前に

知・技	/13
思・判・表	/37
合計	/50

目標解答時間 15分

[1] 未知が既知に変わる。その転回点はどのようにして(ア)オトズれるのだろうか。たとえば未知の惑星の者たちが「ギー・ル・ププッ」と音を出す。それがどういう意味であるのかを、そしてそれゆえ、それが確かに意味の秩序を持ったものだということを、私はどうして知るのだろうか。

[2] ひとつの仕方は翻訳である。彼らの音を、それが言語であり無意味な雑音ではないという希望のもとに、我々の言語へと翻訳しようとする。そのためにさまざまな発話、発話状況、それに伴う振る舞いをデータとして収集し、①仮説的な翻訳理論を立て、チェックし、翻訳理論を(イ)カイリョウしていく。それは地道な、かなり時間のかかる作業だろう。だが、②いまはその作業の詳細は問題ではない。問題は、もしそれが翻訳であるならば、たとえそれが成功したとしても、その結果開けてくるのは決して私にとって新しい秩序ではない、という点にある。「ギー・ル・ププッ」が「今日はなんて暑いんだ」と訳されたとする。それは結局、彼らの言語的秩序を日本語という言語的秩序に重ねることでしかない。あるいはまた、たとえば「他我の統覚は根源的呈示によっては充実不可能である」などという哲学的言葉を、仮に「他人の体験を私が体験することはできない」という日常的な言い方に翻訳したとする。しかしそれが単なる翻訳にとどまっているのであれば、結局は、私がわかっていたことに翻訳することで一見わからなかったものをわかるようにしたというようにすぎない。

[3] 翻訳は、未知を新たな知へと転回するものではなく、(ウ)キュウライの既知へと解消することによって未知を骨抜きにすることでしかないのである。それゆえ、いま私はむしろ翻訳ではないような③新しい知への転回を求めたい。実際、そのようにして私は成長してきたはずなのである。理解が翻訳であり、それゆえ翻訳の基盤となる母語が用意されてあるものしか理解できないというのであれば、私自身の言語的秩序は(エ)ヨウジのころから、いや生まれたときからいささかも(オ)カクダイもしていないということになってしまうだろう。

[4] それゆえ、「わかった」というその瞬間は、私の既存の理解の基盤に相手を取り込んだということではなく、私の理解の基盤そのものが相手を理解することに向けて変化したということを意味していなければ

10「他我の統覚は…」…フッサール『デカルト的省察』の引用

重要語句
15 転回
16 骨抜き

本文の展開

【問題提起】……未知が既知に変わる転回点はどのようにしてオトズれるのか

【考察】……

●翻訳という方法

わかっていたことに翻訳することで、一見わかるようにしたにすぎない
↓
未知を新たな知へと転回するものではない

⇔

●成長してきたということ

未知を新たな知へと転回する方法をとってきた

【結論】……

自分自身の理解の基盤そのものが ①［　　］ を理解することに向けて変化する

↓

ならない。そこにおいて他者理解とは、自分自身が他者に向けて変化することを伴うのである。

問一 漢字 傍線部㋐〜㋔のカタカナを漢字に改めよ。〔2点×5〕

㋐ オトズれる
㋑ カイリョウ
㋒ キュウライ
㋓ ヨウジ
㋔ カクダイ

問二 語句 波線部「秩序」の意味を次から選べ。〔3点〕

ア 物事のはじまり
イ 物事に順位をつける
ウ 物事の正しい決まり
エ 物事のついでに行う

問三 内容 傍線部①とはどのような「理論」か。適当なものを次から選べ。〔6点〕

ア 未知の音の相互の関係に潜む法則性を文字によって明示的に表した理論。
イ 未知の音を自分たちの言語的秩序に取り込むためのたたき台となる理論。
ウ 未知の音を研究することの意味を明らかにする、研究の足場となる理論。
エ 未知の音の作る秩序を統一的に理解するために新たに構築した理論。
オ 未知の音を作り出す過程で明らかになる一般的な言語に関する理論。

問四 理由 傍線部②のように筆者が述べる理由として適当なものを次から選べ。〔6点〕

ア 作業の工程の困難さよりも、作業自体の動機が希望的観測によることが問題だから。
イ 作業の進捗（しんちょく）状況の報告よりも、作業の目的や成果を明確にすることが重要だから。
ウ 作業の内訳を分析することよりも、作業そのものの意味を考えることが重要だから。
エ 作業の詳細を述べることよりも、作業の苦労を語ることが必要だから。
オ 作業の容易さを考えることよりも、作業の意義を見出すことが重要だから。

問五 文脈 傍線部③とあるが、そのために筆者が必要と考えていることを本文中から二十字以内で抜き出せ。〔7点〕

問六 主題 筆者は、未知が既知に変わる「転回」はどのようなことであるべきだと考えているか。解答欄に合う形で本文中から二十五字以内で抜き出せ。〔8点〕

自分の〔　　　〕すること。

初めて「　②　」ことになる
未知が既知に変わる ＝

▼**1** 空欄①・②にあてはまる語句を本文中から抜き出せ。〔3点×2〕
▼**2** 本文を三つの意味段落に区切るとき、適当な分け方を次から選べ。〔4点〕

ア 1／2／3 4
イ 1 2／3／4
ウ 1／2／3 4

2

世界は分けてもわからない

福岡伸一（ふくおかしんいち）

▶本文を読む前に

1 臓器は本来、切り離すことができず、はめ込むこともできない。私たちが臓器と呼んでいる「部分」と身体との間には、①機能的な境界は存在しないからである。分子レベルの物質的な㋐キバンにおいても、酸素や栄養素といったエネルギー交換のレベルでも、神経系やホルモン系を介した情報交換のレベルにおいても、ボーダーはない。〈ここから切り離してください〉、そのようなことを許す点線はどこにも存在しない。しかし今日、私たちは、脳幹が機能を停止した身体を「死体」と定義し、そこから部分を切り離し、それを機能的なモジュールとして、あるいは純粋な意味での個物として、別の筐体（きょうたい）に穿った穴にはめ込むことを行っている。臓器移植が医療としてわずかな有効性を示し得るとすれば、それは②この技術の革新性がもたらしているものでは、おそらくない。生命が本来的にもっているa可塑性に支えられているのである。

2 切り取られ、無理やりはめ込まれた部分としての臓器に対して、身体はその不整合ゆえに、けたたましい叫び声を上げる。激しい拒絶反応が起こり、異物排除のための攻撃が始まる。不連続な界面に、全身から白血球が集まり、抗体が生産され、炎症が発生する。移植臓器がこれに耐え兼ねた場合、臓器は壊死（えし）を起こし、その場に留まれなくなる。なんとか臓器が持ちこたえたとしても、免疫応答を抑え込むために、強力な免疫抑制剤が処方されなければならない。果てしない消耗戦であり、レシピエント（臓器の受け取り手）側は免疫能力全般のレベルダウンを余儀なくされる。新たな感染症におびえねばならない。

3 ［ A ］、ここに③奇妙な共存関係が成り立つこともある。レシピエントの免疫系は、やがてその攻撃の手を㋑ユルめ、ある種の㋒寛容さを示したかに見えるようになり、移植臓器も、完全にしっくりとは行かないまでも周囲の組織と折り合いをつけるようになる。まさに文字どおり、植えかえられた植物のごとく、新たな根を張り、茎を伸ばして、血管系や神経系を徐々に再生して、㋓代謝上の㋔レンケイを結ぶようになる。ひととき、大きくかき乱されたb平衡は、徐々に新たな平衡点を見つけるのだ。生命現象が可塑的であり、絶え間のない動的平衡状態にあるとはこういうことである。

6 **筐体**…機器をおさめている箱。
10 **界面**…二つの物質の接触している境界面。
16 **寛容**…心が広くて、他人の言動をよく受け入れること。特定の抗原に対して免疫反応を示さない状態を「免疫寛容」という。

重要語句
4 ボーダー　6 穿つ
7 革新　9 けたたましい
13 消耗戦　14 余儀なくされる

知・技 /14
思・判・表 /36
合計 /50
目標解答時間 15分

本文の展開

1 【結論】……臓器移植 の有効性
生命がもつ［ ① ］

2 【根拠1】……拒絶反応・異物排除による攻撃
移植臓器 ← ●耐え兼ねる→壊死
⇔ ●持ちこたえる→免疫抑制剤の投与→感染症の恐れ

問一 漢字 傍線部㋐～㋔のカタカナを漢字に改め、漢字には読みを示せ。〔2点×5〕

㋐ **キバン**

㋑ **ユル**め

㋒ **寛容**

㋓ **代謝**

㋔ **レンケイ**

問二 語句 波線部a「可塑性」b「平衡」の意味を次からそれぞれ選べ。〔2点×2〕

a
ア 原状に回復する性質
イ 壊れやすい性質
ウ 進化する性質
エ 変形する性質

b
ア 釣り合いがとれている
イ はげしく拒み続ける
ウ 二つが並んで進む
エ 折り合いをつける

問三 文脈 空欄Aに入る語句を次から選べ。〔2点〕

ア そこで　**イ** あるいは
ウ それとも　**エ** しかし

問四 内容 傍線部①「機能的な境界」とはどのようなものか。1段落内の語句を用いて十字程度で答えよ。〔5点〕

問五 指示 傍線部②「この技術」とはどのような技術か。説明している部分を本文中から抜き出し、その初めと終わりの五字を答えよ。〔5点〕

～

問六 内容 傍線部③「奇妙な共存関係」について、解答欄に合う形で本文中の語句二十字程度を用いて説明文を完成させよ。〔8点〕

レシピエントの免疫系と移植臓器とが、
関係。

問七 主題 本文の内容と合致するものを次から選べ。〔6点〕

ア 医療技術の革新により、臓器移植は快復のための有効な手段となった。
イ 臓器移植は、激しい拒絶反応により免疫力が低下し失敗することが多い。
ウ 臓器移植が医療として有効なのは、生命の可塑性によるものである。
エ 医療技術の進歩において、免疫能力の低下が問題視されることはない。
オ 医学の進歩により、身体と臓器の境界がはっきり示されるようになった。

3【根拠2】

免疫系 ⇔ 移植臓器
寛容さを示す。
折り合いをつける。

代謝上のレンケイを結ぶ。
＝ ② を見つける。
生命現象… ＝ 可塑的・動的平衡状態

▼1 空欄①・②にあてはまる語句を本文中から抜き出せ。〔3点×2〕

▼2 [　] にあてはまるものを次から選べ。〔4点〕

ア ← 切り離す
イ → 支えている
ウ → 存在しない
エ ← はめ込む

3 中世を生きる

中野孝次（なかのこうじ）

1 『平家物語』の中でも有名という点では那須与一（なすのよいち）の段が一番だろう。敵味方見守るなかで、射よと命じられ、［A］、神仏に祈念しながら漂う的に向かう与一の緊張感。その矢がみごと的を射て、扇がひらひらと海にマ（ア）うときの、見る者すべての（したがってまたのちに琵琶（びわ）法師の物語を聴いた者すべての）緊張からの解放。ここには短い中に①劇の要素が集約されているから、人々は何度でも聴こうとしたのだろうし、その気持ちは今『平家』を読むぼくらでも変わらない。

2 そして、現代文に訳してみようとすればすぐ思い知らされるが、これはまさに『平家』のあの文体でなければ、絶対にこの力強さとリズムは出せないのである。与一が鏑矢（かぶらや）を射る瞬間は、どうしても「よっぴいてひやうとはなつ」でなければならないし、扇が空にマったときの美とカンメイ（イ）も、ぜひともあの文体でなければならない。

「しばしは虚空（こくう）にひらめきけるが、春風に一もみ二もみもまれて、海へさッとぞ散ッたりける。夕日のかかやいたるに、みな紅（ぐれなゐ）の扇の日いだしたるが、白波の上に漂ひ、浮きぬ沈みぬ揺られければ……。」

3 ②これでなくては沖には平家舟ばたを叩（たた）いて感じ入り、陸には源氏箙（えびら）を叩いてどよめいたサンタン（ウ）のほどが伝わらない。平家の文体が、武勇と無常と、歴史の激動と個人の運命とのないまぜ（a）になった、あの時代の現実から生まれた必然的なスタイルだったことがわかるのである。言葉は現実の最もビンカン（エ）な反映なのだ。絵画も彫刻も、およそ芸術というのは本来そうあるべきものなのだろうが。

4 ところで、海に馬を乗り入れ神仏に祈念したとき、与一はむろん外したらその場で死ぬ覚悟だったのである。『平家』はそこを、「これを射そんずるものならば、弓きりおり自害して、人に二（ふた）たび面（おもて）を向かふべからず。」と、彼の心中をも代弁している。前に鹿を射そこなってその場で出家逐電（b）してしまった下河辺行秀（しもかわべゆきひで）のことを紹介したが、これまた実に激しいものである。いのちがけ、とはこのことを言うのだろう。やり直しなぞきかない。一回ごとの行為に自己のすべてを賭ける。これは、互いに矢を射合って殺し合う戦場の必然にツチカ（オ）われた倫理なのであろうし、また常時この覚悟でいたからこそ、彼らの行為はかくも激しく、潔く、徹底していて、どの瞬間にも常に自分自身でありえたのにちがいない。当時の人間を見ると、

本文を読む前に

知・技	/16
思・判・表	/34
合計	/50
目標解答時間	15分

7 **鏑矢**…鏑をつけた矢。高い音がするので、合戦の合図や敵を威嚇するのに用いた。

12 **箙**…矢を差し入れて背に負う武具。

13 **無常**…世の中にあるすべてのものは常に移り変わり、同じ状態にないこと。人の世ははかないこと。

重要語句

2 祈念　3 琵琶法師　10 虚空

本文の展開

1 2 ……『平家物語』那須与一の段
・緊張感
・緊張からの解放
→ 生み出す力強さとリズム
=
●『平家物語』の文体
=
3 時代の現実から生まれた［①　　］なスタイル
← 言葉（芸術）
=現実の最もビンカンな反映

いかなる状況にあっても、その人間の全部が一度にすべて発動している感じである。

問一 漢字 傍線部㋐〜㋔のカタカナを漢字に改めよ。［2点×5］

㋐ **マ**う
㋑ **カンメイ**
㋒ **サンタン**
㋓ **ビンカン**
㋔ **ツチカ**われた

問二 語句 波線部a「ないまぜ」b「逐電」の意味を次からそれぞれ選べ。［3点×2］

a
ア よくわからないこと
イ まざってなくなること
ウ まぜて一つにすること
エ 客観的に見ること

b
ア 逃げ去ること
イ 命を絶つこと
ウ 力をたくわえること
エ 気を失うこと

問三 文脈 空欄Aに入る語句を次から選べ。［3点］

ア 唯一絶対　**イ** 傍若無人
ウ 当意即妙　**エ** 絶体絶命

問四 内容 傍線部①とは、ここではどういうものか。本文中から適当な語句を二つ抜き出せ。［4点×2］

問五 内容 傍線部②の「これ」の説明として適当なものを次から選べ。［6点］

ア 流麗ながらも、現代文に訳出できない難解な文体。
イ 状況を躍動的に描写し、情景の美を印象づける文体。
ウ 武将の死にざまを活写し、行間に無常観が漂う文体。
エ 滅びゆく者の美を明示し、読者に感動を与える文体。
オ 演出に重点を置き、当時の時代性を感じさせる文体。

問六 主題 『平家物語』について、本文の内容に合致するものを次から選べ。［7点］

ア その時代を反映した文体で、歴史の流れに翻弄される人間の卑小さを表現している。
イ その時代を反映した文体で、自然の風景にとけこむ武将の潔さを表現している。
ウ その時代を反映した文体で、躍動感あふれる武将たちの活躍を魅力的に表現している。
エ その時代を反映した文体を用いることで、戦いの持つ残酷さを表現している。
オ その時代を反映した文体を用いることで、現実味が出ないよう簡潔に表現している。

4 **与一**…外したらその場で死ぬ覚悟
＝
・一回ごとの行為に自己のすべてを賭ける
・どの瞬間にも常に自分自身でありえる
←
人間の［②］が一度にすべて発動している

▼**1** 空欄①・②にあてはまる語句を本文中から抜き出せ。［3点×2］

▼**2** 本文を右のように三つに区切るとき、二つ目の意味段落3のタイトルとして適当なものを次から選べ。［4点］

ア 時代の反映としての様式
イ もう一つのエピソード
ウ 学んだ教訓
エ 当時の思い

4 政治リアリズム

山内昌之（やまうちまさゆき）

本文を読む前に

1 マキャヴェッリは、指導者たる者が政治や外交の行動にあたって、過去にもあった欲望に突き動かされるという公理をさりげなく語り、過去を学ぶように促しているのだ。これは、国王や貴族が政治を(ア)ニナっていた時代だけに(イ)ダトウするわけではない。[　A　]、ブルボン朝の太陽王ことルイ十四世の寵臣（ちょうしん）だった大使フランソワ・ド・カリエールの言は、現代社会で外交や行政に限らず、交渉事にあたるすべての人々にとっても①有益な教えというべきではないだろうか。それは、「②事実や歴史に詳しいということは、交渉家が敏腕であるために大切な素養の一つである。」というものだ。なぜなら、抽象的な理屈というものはしばしば不確かだとカリエールは述べているからだ。たいていの人間は前例に従って行動するし、自分が直面している場合に過去はどうであったのかを基準にしながら(ウ)シンチョウに決心するものなのだ。なぜなら、「古往（こおう）の歴史は、是（こ）れ現世界にして、今来（こんらい）の世界は、これ活（かつ）歴史なり。」といってよいからだ。[　B　]、過ぎ去った歴史から現在の社会が生まれ、これからの世界は私たちが体験できる活（い）きた歴史にほかならない以上、過去の賢人が残した知恵や哲学は人の教訓として咀嚼（そしゃく）され過ちなきを期することもできるのだ。

2 世の中の仕事とは、つきつめて言えば、すべて交渉事や判断の問題と言ってよいかもしれない。仕事を成功させるには、冷静に現実感覚を発揮することが必要になる。この③リアリズムの定義と解釈については、人々の考えも分かれることだろう。違いをひとまず知るのも読書の結果といってもよい。まず考える一例として、古代ギリシアの哲学者プラトンの『国家』をあげておこう。プラトンの『国家』を読んだ人の中には、「哲人統治国」とも言うべき理想国家の結論に(エ)イワ感を持った人も多いのではなかろうか。私にしても、ずいぶん前に『国家』を読んだとき、国家の理想的モデルは天上にのみ存在し、それは現実の国家とは何ら関係を持たないという説を学んだことを不十分ながら(オ)キオクしている。同時に、プラトンの結論を知ったとき、④一体何のために自分は哲学者の国家論を苦労して読んできたのかという索漠たる思いに一瞬とらわれたものだ。

知・技	/13
思・判・表	/37
合計	/50
目標解答時間	15分

1 マキャヴェッリ…一四六九—一五二七。イタリア、ルネサンス期の政治思想家。『君主論』。

重要語句

2 公理　3 寵臣　5 有益
6 敏腕　6 素養　11 咀嚼
13 リアリズム

本文の展開

1【展開1】……
事実や歴史に詳しいこと ← 交渉家にとって大切な素養の一つ

理由
● 抽象的な理屈は[①]
● 人間…前例に従って行動
過去を基準に決心

2【展開2】……
世の中の仕事…｛交渉事／判断の問題｝← 成功のためには
冷静に[②]を発揮することが必要

問一 漢字 傍線部㋐～㋔のカタカナを漢字に改めよ。［2点×5］

㋐ **ニナ**って

㋑ **ダトウ**

㋒ **シンチョウ**

㋓ **イワ**感

㋔ **キオク**

問二 語句 波線部「索漠たる」の意味を次から選べ。［3点］

ア 結果が出ずにがっかりする

イ わけがわからず怒っている

ウ どうすべきか迷っている

エ 心が満たされず寂しい

問三 文脈 空欄A・Bに入る語句を次からそれぞれ選べ。［2点×2］

ア そこで　**イ** しかし

ウ むしろ　**エ** すなわち

A　B

問四 理由 傍線部①とあるが、どのような意味で「有益」なのか。解答欄に合う形で三十字以内で答えよ。［7点］

という意味で。

問五 理由 傍線部②とあるが、それはなぜか。解答欄に合う形で三十字以内で答えよ。［7点］

から。

問六 内容 傍線部③「リアリズムの定義」とは何か。本文中から抜き出し、初めと終わりの五字で答えよ。［4点］

～

問七 主題 傍線部④から推測できる筆者の考えを次から選べ。［5点］

ア 歴史に残る国家と天上にある理想的な国家との両方を学ぶ必要がある。

イ 歴史のような具体的な事実だけではなく、哲学者の抽象的な理論も学ぶべきだ。

ウ 哲学者の抽象的な理屈よりも、歴史のような具体的な事実のほうが有益である。

エ 哲学者の抽象的な理屈は、結局何の役にも立たないものである。

オ 哲学者の抽象的な理屈は、青春時代には必ず読むべきである。

違いを知る一例 ◌

哲学者プラトンの国家の理想的モデル
- 天上にのみ存在
- 現実の国家とは関係を持たない

⬅ 何のために哲学者の国家論を読んできたのか＝索漠たる思い

▼**1** 空欄①・②にあてはまる語句を本文中から抜き出せ。［3点×2］

▼**2** ◌にあてはまる記号を次から選べ。［4点］

ア ⬅（因果関係）

イ ＝（同義関係）

ウ ⬌（対比関係）

5 舟を編む

三浦(みうら)しをん

▶ 本文を読む前に

知・技	思・判・表	合計
/13	/37	/50

目標解答時間 15分

[1] 西岡はやや迷ったのち、つけ加える。「実際の流れものが、図書館かなんかで、なんとなく辞書を眺めてるところを想像してみろよ。『さいぎょう【西行】』の項目に、『(西行が諸国を遍歴したことから)遍歴するひと、流れものの意。』って書いてあるのを発見したら? そいつはきっと、心強く感じるはずだ。『西行さんも、俺と同じだったんだな。大昔から、旅をせずにはいられないやつはいたんだ』って」

西岡は㋐ホオのあたりに視線を感じ、㋑トナリを見た。馬締(まじめ)がいつのまにか事務用㋒イスを回転させ、西岡に向き直っていた。

[2] 「①そんなふうに考えたことはありませんでした」

馬締の口調は熱を帯びている。西岡は照れくさくなり、②あわてて言い添えた。

「辞書に言葉を採用する基準としては、まちがってると思うけどな」

「いいえ」

馬締は真剣な表情のまま、首を振った。「西岡さん。俺は、西岡さんが異動になること、本当に残念です。『大渡海』を血の通った辞書にするためにも、西岡さんは辞書編集部に絶対に必要なひとなのに」

「ぶぁーか」③西岡は素っ気なく言い、馬締の手もとから原稿をかすめ取った。馬締が赤㋓エンピツで書いた修正案をもとに、教授に確認のメールを打つ。なるべくまばたきを減らして、パソコンの画面を見据えるようにした。うっかりすると泣いてしまいそうだ。

[3] うれしかった。もし、馬締以外のものが言ったのなら、同情か心にもない㋔ナグサめだと受け取っただろう。西岡にはわかった。④馬締の言葉は真情から発されたものだ。

西岡は馬締のことを、辞書の天才だけど要領が悪く、自分とはまったく通じるところのない変人だと思ってきた。いまだって、そう思っている。学生時代に馬締が同じクラスにいても、まずまちがいなく友だちになることはなかったはずだ。

そんな馬締の言葉だからこそ、西岡は救われる。要領が悪く、嘘(うそ)もおべっかも言えず、辞書について真面目に考えるしか能のない馬締の言葉だからこそ、信じることができる。

俺は必要とされている。「辞書編集部の無駄な人員」では、決してなかった。

⑤そう知ることの喜び。こみあげる誇り。

2 西行…平安後期の歌人。二十三歳で出家。諸国を遍歴し歌を詠んだ。

重要語句

11 異動　12 血が通う　21 おべっか

本文の展開

[1]【西岡の辞書についての考え】……「さいぎょう【西行】」の項目に、「遍歴するひと、流れものの意。」を入れる

→実際の流れものが見たら「西行さんも、俺と同じ」と心強く感じるはず

[2]【　　】……

馬締 (熱を帯びた口調)「そんなふうに考えたことはありませんでした」
西岡の異動は残念
辞書編集部に絶対に必要

←

西岡 素っ気なく返し、パソコンの画面を見据える
＝①［　　］をこらえるため

[3]【西岡の独白】……

馬締の言葉は②［　　］からのもの
信じられる

問一 漢字 傍線部㋐〜㋔のカタカナを漢字に改めよ。［2点×5］

㋐ ホオ
㋑ トナリ
㋒ イス
㋓ エンピツ
㋔ ナグサめ

問二 語句 波線部「心にもない」の意味を次から選べ。［3点］

ア 思ってもいない
イ 不本意である
ウ 身に覚えがない
エ 頼りない

問三 指示 傍線部①の「そんなふう」の説明として適当な考えを次から選べ。［4点］

ア 辞書の項目に、派生的な意味も載せるべきだ。
イ 西岡の辞書編集の基準がまちがっている。
ウ 辞書の内容を見て励まされる人もいる。
エ 図書館で見た辞書を気に入って買う人もいる。
オ 西行は旅をせずにはいられないやつだった。

問四 理由 傍線部②の理由として適当なものを次から選べ。［4点］

ア 馬締が自分を認めてくれたことへの面映ゆさをごまかそうとした。
イ 冗談を真面目に受け取られた恥ずかしさを悟られまいとした。
ウ 自分を励まそうとする馬締の心遣いへの感動を隠そうとした。
エ 馬締のような変人に同情されまいと、虚勢を張ろうとした。
オ 馬締の口調から誤解を与えていることに気がつき、訂正しようとした。

馬締…要領が悪く、嘘もおべっかも言えず、辞書について真面目に考えるしか能がない
←自分は必要とされている・無駄な人員ではない・喜び、こみあげる誇り
↓うれしかった

▼1 空欄①・②にあてはまる語句を本文中から抜き出せ。［3点×2］

▼2 本文を右のように三つに区切るとき、二つ目の意味段落の【　】にあてはまるタイトルとして適当なものを次から選べ。［4点］

ア 馬締の辞書
イ 馬締の独白
ウ 馬締の支持
エ 馬締の反論

問五 理由 傍線部③とあるが、「素っ気なく」した理由を二十字以内で説明せよ。［6点］

問六 理由 傍線部④とあるが、西岡がこのように考える理由を説明している一文を本文中から抜き出し、初めの五字で答えよ。［6点］

問七 主題 傍線部⑤とあるが、このときの西岡の心情を説明した次の文の空欄に入る語句を、本文中から四字で抜き出せ。［7点］

自分は編集部に必要のない存在だから異動になるのだと思っていたが、自分を必要としてくれる者がいることがわかって［　］気持ち。

6 食べ物と文化

西江雅之（にしえまさゆき）

[1] 「食べ物」というものは、生理的に受けつけられる（食べられる）とか、食べてしまうと命に関わる（食べられない）という生理学的な話とは異なり、個々の「文化」を根拠（a）として成り立っているものです。

[2] 現実の世界で見られる例をあげましょう。たとえばインドのある地方では食糧不足で、人々は窮地（b）に立たされています。その事実を知って、日本から牛肉を何トンも救援物資として送ったとします。しかし、そのようなことでインドの人々は喜ぶでしょうか。とんでもないことです。日本に対しての恨みが残されるだけでしょう。なぜならば、インドでは㋐アットウ的な数の人々の心を支えるのはヒンドゥー教ですが、その宗教では、牛は「食べ物」ではないのです。インド人も人間です。ですから科学的に言えば、牛肉は体が弱っている人々には栄養を与え、元気を回復することに役立つことは明らかです。しかし、だからといって、インドの人々に、「牛肉を食べろ」というのは、信念を捨てろということと同じです。そのようなことが簡単にできるはずがないのです。

[3] わたしの経験では、この種の話は、㋑イガイなほど多くの人が、インド人はどうかしている、道端にウロウロしている牛を食べればよいのにとか、もっと科学的な知識を住民に㋒シントウさせるべきではないかとか、簡単に片づけてしまうことに気づきます。そこで、日本での場合を例に①同様の話をしますと、今度は単なる㋓ジョウダンだと取られてしまいます。

[4] しかし、たとえば大地震が東京を㋔襲い、何百万という人々が食糧難に陥ったとします。その時、どこかの国からバッタやクモ、タンポポやペンペン草、粟（あわ）や稗（ひえ）のたぐいを、緊急援助だと言って何トンもドッと送ってきたとすれば、人々はどんな反応を見せるでしょうか。多くの人は、「ばかにするな」と怒るにちがいありません。②それらを送ってきた人々の善意などは、問題にされません。食べ物は人体に影響を与えるのみではなくて、世界情勢をも左右するのです。そして、世界中どこに行っても、［A］のです。

[5] ③「食べ物」は、極めて「文化」的なものなのです。素材の種類から色、形、匂い、宗教観、道徳観などに至るまで、そこには何よりも重要な判断基準としての「文化」が組み込まれているのです。

▶ 本文を読む前に

知・技	/16
思・判・表	/34
合計	/50

目標解答時間 15分

6 **ヒンドゥー教**…インドで古来のバラモン教に民間信仰や仏教の影響などが加わって成立した多神教。

重要語句
1 生理的　2 生理学的　9 信念　16 粟・稗

本文の展開

【主張】「食べ物」は個々の［①　］を根拠に成立

【具体例】

例①
善意 〈日本〉牛肉を救援物資として送る
恨み 〈インド（食糧不足）〉
理由：ヒンドゥー教では牛は［②　］ではないから

例②
善意 〈どこかの国〉昆虫や雑草などを救援物資として送る
怒り 〈日本（食糧難）〉
理由：日本では雑草は［②　］ではないから

問一 漢字 傍線部㋐〜㋔のカタカナを漢字に改め、漢字には読みを示せ。［2点×5］

㋐ アットウ

㋑ イガイ

㋒ シントウ

㋓ ジョウダン

㋔ 襲い

問二 語句 波線部a「根拠」b「窮地」の意味を次からそれぞれ選べ。［3点×2］

a
ア 正しい判断を妨げる思い込み
イ ある行動や判断のよりどころ
ウ その時代の一般的な考え方
エ あるものの内部にある性質

b
ア 異常な社会情勢
イ 強い自己中心主義
ウ 激しい混乱状態
エ 追い詰められた立場

問三 文脈 空欄Aにあてはまることわざを次から選べ。［4点］

ア 逃がした魚は大きい
イ 鴨（かも）が葱（ねぎ）を背負って来る
ウ 食べ物の恨みは怖い
エ 夫婦喧嘩（げんか）は犬も食わない

問四 内容 傍線部①とあるが、どのような話か。2段落の語句を用いて、解答欄に合う形で二十字以内で答えよ。［8点］

日本への救援物資に（　　　）が送られてきたら、我々はどんな反応をするか、という話。

問五 内容 傍線部②とあるが、インドに救援物資として牛肉を送った日本人の善意とはどのようなものか。次の文の空欄a・bに入る語句を、本文中からそれぞれ二字で抜き出せ。［3点×2］

食糧不足に苦しむインドの人々に、牛肉を食べて［a］を摂取して［b］を取り戻してほしいという気持ち。

a
b

【結論】

「食べ物」＝判断基準に［①］が組み込まれる

▼**1** 空欄①・②にあてはまる語句を本文中から抜き出せ。［3点×2］

▼**2** 本文を右のように三つの意味段落に区切るとき、適当な分け方を次から選べ。［4点］

ア 1／2 3／4 5
イ 1／2 3 4／5
ウ 1 2／3／4 5
エ 1 2／3 4／5

問六 主題 傍線部③とあるが、なぜ「食べ物」が「文化」的であると言えるのか。その理由を次から選べ。［6点］

ア 食べ物はその国の文化の基盤であり、食べ物の有無が世界情勢を左右するから。
イ どの食べ物を食べるかという判断は、それぞれの宗教観のみに基づくものだから。
ウ 食べ物は科学的な見地から人間の健康を支え、文化の発展に寄与するものだから。
エ 食べ物として認識するかどうかは、各国の価値基準に従って判断されるものだから。
オ 食べるかどうかの判断は、文化を越えた個人の強い信念が影響しているから。

7 「スタンダード」って何？

角田光代（かくたみつよ）

1 異国の人が日本に来た場合、いちばん苦労する習慣のチガいはなんだろう、といえば、沈黙であるように私は思う。三週間や一か月、異国を旅して帰ってきたとき、私が最も㋐イワカンを覚えるのが、実はその沈黙である。日本の人は驚くほど声を発さない。ぶつかっても声を立てず、出くわし状態になっても無言、人の足を踏んでしまっても「すみません」と言う人はとても少なく、せいぜい無言で㋑エシャクするくらい。

2 ①たとえばの話。銀行でも空港でもいい、人々が列になって順番を待っていたとする。そこに、列の存在に気づかず、誰か入り込んでしまったとき、ほとんどの国では声を出して注意する。「こっちに並んで！」と、一人が言うこともあり、列にいる全員が口々に言うこともある。が、日本では、声に出さず空気で示す。ついさっき、実はそのような㋒コウケイを駅の構内で目の当たりにしたのだが、列の人々はみな、無言のうちに、対応をしている駅員に、訴えかけるような視線を投げていた。駅員はちゃんと気づき、カウンターに割り込んできた女性に「すみませんが、列ができているのであちらに並んでください。」と注意して事なきを得ていた。私にはごく自然なコウケイではあるが、よく考えればすごいことなのである。沈黙の習慣を持たない人から見れば、ほとんど②超能力の世界だと思う。③「空気を読む」という言葉が、他の国の言語であるのかないのかはわからないが、しかし、それは明らかに㋓トクシュな習慣だと私は思う。

3 少し長い旅から帰ってくれば、この沈黙の習慣には少々戸惑うのだが、しかしまた日本で生活が始まれば、私もまた沈黙になじんでいく。私もめったに声を発することはない。列に横入りした人をにらみ、バスに乗っても運転手に礼を言うこともなく降りる。言葉を発さず、相手の言いたいことを気配で察するというのは、相手を慮（おもんぱか）るという点において、実際はとても成熟した、美しい所作であると思う（それが成熟した、美しい文化を作っているかどうかはさておき）。しかし沈黙の習慣を持たない人々は、これに慣れるのは大変だろうなと私は㋔スイソクする。日本のことをあまり好きではない、日本在住の外国人の話を聞いて、彼らがいかにこの沈黙に傷ついているかを思うことがある。

4 しかし、いくらその習慣のチガいに傷つくことがあろうとも、泣いたり地団駄を踏んだり、戸惑うことがあろうとも、だからこそ④旅に出る意味があると私は思うのだ。自分のスタンダードがことごとく通用し

▶ 本文を読む前に

知・技	/13
思・判・表	/37
合計	/50
目標解答時間	15分

重要語句
16 気配　17 慮る　17 所作　23 把握

本文の展開

1 2 【話題の提示・具体例】…… 異国の人が日本でいちばん苦労する習慣の違い
＝ 沈黙の習慣

例 列に割り込む人がいた
日本人…①［　　　　］
他国の人…声を出して注意する
→ すごいこと／超能力の世界

3 【考察】……
● 沈黙の習慣を持たない人々は
・慣れるのは大変だろう
・いかに傷ついているか

4 【筆者の主張】……
旅…自分のスタンダードが通用しない場所へ身を投じること

ない場所に身を投じ、なんだか全然わかんないと思う、そのときこそ、決して把握なんかできっこない世界というものの手触りを、多少なりとも実感できるのではないかと、思うのである。

問一 漢字 傍線部㋐～㋔のカタカナを漢字に改めよ。〔2点×5〕

㋐ **イワカン**
㋑ **エシャク**
㋒ **コウケイ**
㋓ **トクシュ**
㋔ **スイソク**

問二 語句 波線部「事なきを得ていた」の意味を次から選べ。〔3点〕

ア 連絡されずに済んだ
イ 大事に至らずに済んだ
ウ 抵抗されずに済んだ
エ 不服に至らずに済んだ

問三 内容 傍線部①とあるが、何の「たとえばの話」なのか。②段落以降から五字以内で抜き出せ。〔4点〕

問四 内容 傍線部②とはどのような「世界」か。適当なものを次から選べ。〔5点〕

ア 信用するに値しないまやかしの世界。
イ 人間わざとは思えない不思議な世界。
ウ すぐに順応することができる身近な世界。
エ 科学の粋を結集した最先端の世界。
オ わけがわからず興味を感じない世界。

問五 内容 傍線部③とはどういう意味か。本文中から二十字以内で抜き出せ。〔6点〕

問六 主題 傍線部④を、筆者はどのように考えているか。適当なものを次から選べ。〔5点〕

ア さまざまな習慣のチガいを経験することで、自分の常識を見直すことができる。
イ 多様な風俗習慣が存在することを知り、外国に憧憬を抱くことができる。
ウ さまざまに見聞を広めながらも、自国のよさを再認識することができる。
エ 多少の苦労は経験しつつも、あらゆる世界の存在を知ることができる。
オ 違う習慣を持つ人々との交流を通して、新しい友人を作ることができる。

問七 文脈 習慣の異なる「異国」を、本文中の語句を用いて二十字程度で説明せよ。〔7点〕

←
◎決して［　②　］できない
世界を多少なりとも実感できる

▼**1** 空欄①・②にあてはまる語句を本文中から抜き出せ。〔3点×2〕
▼**2** （　）にあてはまる記号を次から選べ。〔4点〕
ア ←（因果関係）
イ ↔（対比関係）
ウ ＝（同義関係）

8 専門知と再帰性

筒井淳也（つついじゅんや）

本文を読む前に

1 しばしば私たちは、「わからないことは専門家に聞け」と言います。それ自体はもちろん正しい姿勢でしょう。ただ、このことは必ずしも、専門家の存在によって、この社会から「わからないこと」が減っていくということを意味していません。むしろ①専門知とそれを活かした社会の制度づくりによって、一般の人には「わからないこと」はどんどん増えていくのです。

2 知識は、対象についての知識であるのと同時に（あるいはそれ以前に）、対象を形作るものです。この相互的な関係を、対象と知識の間の「再帰的（さいきてき）な関係」と言います。「再帰性」という㋐ガイネンはあまり聞き慣れないかもしれませんが、相互に影響を与え合っていて、一方が変われば他方も変わる、くらいの意味だと理解しておいてください。

3 専門知も対象と再帰的な関係を持っていますが、独特の㋑トクチョウもあります。専門知は、対象をよりよく［Ⅰ］するために、複雑なものになりがちです。この複雑な［A］が今度は［B］を［Ⅱ］するのですから、再帰性が進むと、［C］のみならず［D］自体がどんどん複雑になっていくのです。

4 もちろん、個々の専門家は「②素人ではわからないことをどんどん増やして、他方でその解説役に回って自分の仕事を作ろう」といったようなズルいことを考えているわけではありません。

5 個々の専門知・専門システムは、たいていは世の中をより便利にしよう、より適正[a]にしよう、そしてより楽しくしようという目的で作られます。安心して自動車に乗れるように考えられた仕組みが自動車保険ですが、その㋒ケイヤクの詳細や査定[b]の仕組みについては、もはや素人は容易に理解できません。複雑な仕組みを㋓導入することで、たしかに私たちの生活の安心はある程度確保できます。他方で、こうした知識に㋔モトづいた制度が私たちの生活環境を形作り、私たちは結果的に「よくわからない」ものに取り囲まれることになるのです。

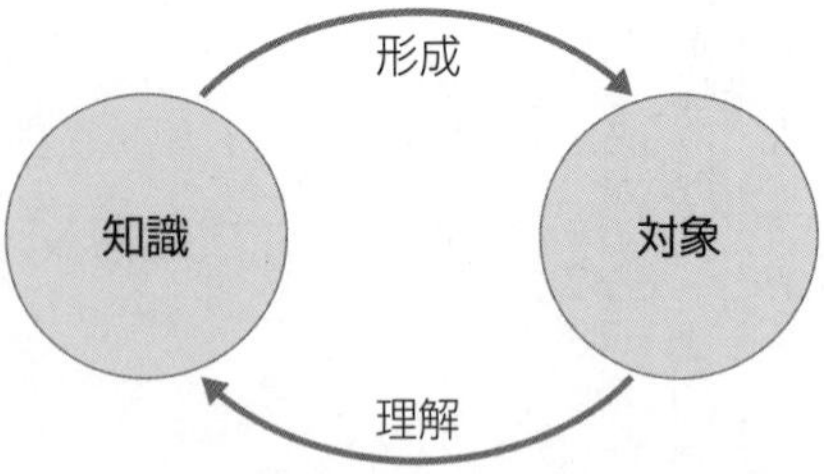

重要語句

3 専門知

本文の展開

1 「わからないことは専門家に聞く」姿勢 ≠ 社会から「わからないこと」が減る
〈むしろ〉［①］を活かした社会制度により「わからないこと」は増える

2〜4 知識（専門知） ⟸⟹ 再帰的な関係（相互に影響を与える・一方が変われば他方も変わる） 対象
◎再帰性が進むと、［②］になる
└専門家がズルいわけではない

5 例：自動車保険
安心して自動車に乗れる仕組み ⇆ ケイヤクの詳細や査定の仕組みが素人には容易に理解できない

知・技 /14
思・判・表 /36
合計 /50
目標解答時間 15分

問一 漢字 傍線部㋐～㋔のカタカナを漢字に改め、漢字には読みを示せ。［2点×5］

㋐ **ガイネン**
㋑ **トクチョウ**
㋒ **ケイヤク**
㋓ **導入**
㋔ **モト**づいた

問二 語句 波線部a「適正」b「査定」の意味を次からそれぞれ選べ。［2点×2］

a
ア 理想的で合理的であること
イ 性格や素質に考慮していること
ウ 基準や条件を作っていること
エ 厳格で正義感があること

b
ア 制度の有無を判別し決定すること
イ 優劣を判別し決定すること
ウ 主観に従って決定すること
エ 調査をふまえて決定すること

問三 傍線部①について、次の問いに答えよ。

(1) 内容 この一文を次のように言い換えた場合、空欄にあてはまる言葉を本文中から十五字で抜き出せ。［4点］

本来、専門家に聞くことにより［　　］はずなのに、実際は、専門知とそれを活かした社会の制度づくりによって、一般の人には「わからないこと」はどんどん増えていく。

(2) 表現 このような表現を何というか。次から選べ。［2点］

ア 反語的表現　**イ** 比喩的表現
ウ 類推的表現　**エ** 逆説的表現

問四 内容 傍線部②とあるが、この内容を四字熟語で表す場合、最も近いものを次から選べ。［3点］

ア 自業自得　**イ** 自縄自縛　**ウ** 自画自賛
エ 自作自演　**オ** 自暴自棄

問五 図＋文脈 空欄A～Dに入る語句を「専門知」・「対象」のいずれかで答えよ。また、空欄Ⅰ・Ⅱに入る語句を図中からそれぞれ抜き出せ。［A～D2点×4　Ⅰ・Ⅱ3点×2］

A　B　C　D
Ⅰ　Ⅱ

問六 内容 「自動車保険」の例における「知識」とはどのようなものか。次から選べ。［3点］

ア 自動車保険制度を形作るための知識
イ 自動車の販売価格を査定するための知識
ウ 自動車の専門用語を理解するための知識
エ 自動車を運転するための知識
オ 自分に合った自動車保険を選ぶための知識

←
複雑な知識にモトづいた制度が生活環境を形作り、私たちは「よくわからない」ものに取り囲まれる
↓
②

▼**1** **空欄①・②にあてはまる語句を本文中から抜き出せ。**［3点×2］

▼**2** **本文の論展開の説明として適当なものを次から選べ。**［4点］

ア 現状の提示－現状の分析－結論
イ 問題定義－具体例－主張
ウ 具体例－根拠－主張
エ 主張－本論－具体例・主張の再提示

9 他人の目で見る

伊藤亜紗（いとうあさ）

本文は、視覚に障害のある人とない人とが対話しながら美術鑑賞を行う「ソーシャル・ビュー」について述べている。

本文を読む前に

1 作品を鑑賞するとき、私たちは「頭の中で作品を作り直している」わけですが、この「頭の中の作品」はとてもやわらかい。このやわらかさは、まさに見えない人がふだんから経験しているイメージのやわらかさに他なりません。見えない人の中で、言葉の力によって「作品」が変化していくように、見える人の中でも、それはどんどん形を変えていくのです。〈中略〉

2 見える人にとっては目の前にある物理的な対象の見え方が、見えない人にとっては頭の中にある純粋なイメージが変わるわけで、全く同じ経験をしているわけではありません。先天性の全盲の人の場合は、頭の中にあるものは視覚的なイメージではありませんから、さらに違いは大きくなるでしょう。しかしながら「イメージの変幻」という見えない人の得意分野を、ここでは見える人が体感していることは確かです。見える人の見方が、見えない人の見方に接近していく。作品鑑賞という場面において、そんな①常識を覆す出来事が起こっているのかもしれません。

3 このようにソーシャル・ビューにおいては、㋐イッパン的なおひとりさまの鑑賞とは違って、②「他人の目で見る」ことの面白さが解放されていきます。そこで重要になるのは「言葉」という要素です。「鮭弁（さけべん）」を「ポストの中」や「布団」に変身させる㋑マホウは、自分の経験を語る言葉に他なりません。

4 ソーシャル・ビューにおいて、見える人が自分の見方を言葉にする理由は、とりもなおさずそこに見えない人がいるからです。先ほども書いたように、これは不慣れな人にとってはなかなか難しいこと。場合によってはプレッシャーに感じられることもあります。

5 見える人同士だったら「この青、なんかグッとくるよね」で許されたとしても、それでは見えない人には通じません。多少がんばって、自分なりの解釈を、言語化してみる。「空というよりは海の青で……どんより曇った日の海……水面（みなも）というよりは少し㋒モグった感じ」。見えない人がそこにいるから、「なんとなくわかった気になる」ことが許されないのです。

12 **「鮭弁」を「ポストの中」や「布団」に変身させる**…一枚の絵について意見し合う実験で、学生たちが述べた種々の解釈のこと。

重要語句

8 変幻　9 覆す　26 触媒

本文の展開

1〜3【ソーシャル・ビューの試み】…

見える人が見えない人の得意分野である「イメージの①［　　］」を体感する

＝

見える人の見方が見えない人の見方に接近していく

←（「言葉」という要素が重要）

（見える人にも）「②［　　］の目で見る」ことの面白さが解放される

4〜6【自分の見方を言葉にする】…

自分なりの解釈を言語化する

●〈可能性〉

知・技 /13

思・判・表 /37

合計 /50

目標解答時間 20分

6 多くの人が最初はそのことにとまどいます。何せ、ふだんは「黙って見る」のが美術館のお約束ですから。言葉にできない感覚的なものこそが芸術だ、という考え方をする人もいます。でも、③その抵抗感を越えて言葉にしてみると、自分の見方を明確にできますし、他人の見方で見る面白さも開けてくる。無言の鑑賞とは異なる、④より創造的な鑑賞体験の可能性があらわれます。

7 つまりここでは、見えないという障害が、その場のコミュニケーションを変えたり、人と人の関係を深めたりする「触媒」になっているのです。触媒としての障害。見えることを基準に考えてしまうと、見えないことはネガティブな㋓「カベ」にしかなりません。でも見えないという特徴をみんなで引き受ければ、それは人びとを結びつけ、生産的な活動を㋔ウナガすポジティブな要素になりえます。

・自分の見方が明確になる
・他人の見方で見る面白さが開ける

←

より創造的な鑑賞体験

7【　　】……

見えないという障害
←みんなで引き受ける
① その場のコミュニケーションを変える
② 人と人の関係を深める

見えないこと＝人びとを結びつけ、生産的な活動をウナガすポジティブな要素になりえる

▼**1** 空欄①・②にあてはまる語句を本文中から抜き出せ。［3点×2］

▼**2** 本文を右のように三つに区切るとき、最後の意味段落の【　】にあてはまるタイトルとして適当なものを次から選べ。［4点］

ア 経験を語る言葉のマホウ
イ 触媒としての障害の可能性
ウ 包括的な美術館づくり
エ 創造的な鑑賞体験のために

問一 漢字 傍線部㋐〜㋔のカタカナを漢字に改めよ。［2点×5］

㋐ イッパン
㋑ マホウ
㋒ モグった
㋓ カベ
㋔ ウナガす

問二 語句 波線部「とりもなおさず」の意味を次から選べ。［3点］

ア 一方では　イ ところが
ウ 仕方なく　エ すなわち

問三 理由 傍線部①の理由を説明した次の文の空欄A・Bに入る語句を、本文中からAは十二字、Bは十三字で抜き出せ。［3点×2］

作品を［A］ではなく、［B］として鑑賞することになるから。

問四 理由 傍線部②の理由として適当なものを次から選べ。［5点］

ア 自分だけではわからないことを言葉によって説明してもらえるから。
イ 他人と一緒に鑑賞することでその体験を共有することができるから。
ウ 言葉の力によって作品が変化することを実感することができるから。
エ 視覚の制約から解放されて自由に鑑賞することができるから。
オ 言葉では表現できない芸術作品の奥深さに気づくことができるから。

問五 文脈 傍線部③とはどのような「抵抗感」か。本文中の語句を用いて三十字以内で説明せよ。［6点］

問六 文脈 傍線部④の説明として適当なものを次から選べ。［5点］

ア 言葉による多様な見方をすることで、新感覚の鑑賞ができる可能性。
イ 視覚で捉えたものを言葉で再構成し、新しい作品を生み出す可能性。
ウ 言葉によって無言の鑑賞を活性化し、新しい鑑賞につながる可能性。
エ 視覚による情報に、言葉の音声の響きを加味した鑑賞に至る可能性。
オ 言葉による説明の違いから、他人の感性を知る鑑賞になる可能性。

問七 主題 本文の内容に合致するものを次から選べ。［5点］

ア 作品鑑賞という場面においては、自分なりの解釈を述べ合うことで、より優れた鑑賞が期待できる。
イ 見える人が見えない人の見方に接近することで、創造的な鑑賞や生産的な活動をウナガすことが期待できる。
ウ 触媒としての障害という考え方に立つことで、見えないという障害に対する理解を深めていくことができる。
エ コミュニケーションのためには、自分の見方を明らかにしたり、他人の見方を知ったりしておくことが必要となる。
オ 体験の言語化は重要なので、美術館の中で話すことを奨励するべきである。

10 日向

川端康成（かわばたやすなり）

1「悪いかね。」

「いいえ。いいにはいいんですけど——。いいですわ。」

娘は袂（たもと）を下ろして私の視線を受けようとする軽い努力の現れた表情をした。①私は眼（め）をそむけて海を見ていた。

私には、傍らにいる人の顔をじろじろ見て大抵の者を参らせてしまう癖がある。直そうと常々思っているが、身近の人の顔を見ないでいることは苦痛になってしまっている。そして、この癖を出している自分に気がつく度に、私は激しい自己嫌悪を感じる。幼い時二親（ふたおや）や家を失って他家に㋐ヤッカイになっていた頃に、私は人の顔色ばかり読んでいたのでなかろうか、それでこうなったのではなかろうかと、思うからである。

ある時私は、この癖は私がひとの家に引き取られてから出来たのか、その前自分の家にいた時分からあったのかと、㋑ケンメイに考えたことがあったが、それを明らかにしてくれるような記憶は浮かんで来なかった。

2 ——ところがその時、娘を見まいとして私が眼をやっていた海の砂浜は秋の日光に染まった日向であった。②この日向が、ふと、埋もれていた古い記憶を呼び出して来た。

二親が死んでから、私は祖父と二人きりで十年近く田舎の家に暮らしていた。祖父は盲目であった。祖父は何年も同じ部屋の同じ場所に㋒ナガヒバチを前にして、東を向いて座っていた。そして時々首を振り動かしては、南を向いた。顔を北に向けることは決してなかった。ある時祖父のその癖に気がついてから、首を一方にだけ動かしていることが、ひどく私は気になった。度々長い間祖父の前に座って、一度北を向くことはなかろうかと、じっとその顔を見ていた。しかし祖父は五分間ごとに首が右にだけ動く電気人形のように、南ばかり向くので私は㋓サビしくもあり、気味悪くもあった。南は日向だ。南だけが盲目にも微（かす）かに明るく感じられるのだと、私は思ってみた。

——忘れていたこの日向のことを今思い出したのだった。

本文を読む前に

重要語句

3 袂
24 しげしげ
25 名残
26 躍り上がりたい

知・技 /13
思・判・表 /37
合計 /50
目標解答時間 20分

本文の展開

1 私 じろじろ見る
←娘 視線を受けようとする軽い努力
私 眼をそむける
→娘を参らせているのではないか
＝
人の顔をじろじろ見る癖
→激しい ①［　　］
〔幼時に人の顔色ばかり読んでいたから？〕

2 娘を見まいとして眼をやった海の砂浜
＝日向
←
古い記憶を喚起
●盲目の祖父
・南（日向）にばかり顔を向ける
●幼時の私
・北を向いてほしいと思いながら祖父の顔を見る
・相手が盲目だから、私の方がその顔をしげしげ見ていた北を向いてほしいと思いながら私は祖父の顔を見つめていたし、相手が盲目だから自然私の方でその顔をしげしげ見ていることが多かったのだ。それが人の顔を見る癖になったのだと、この記憶でわかった。私の癖は自分の家にいた頃からあったのだ。この癖は私の卑しい心の名残ではない。そして、この癖を持つようになった私を、安心して自分で哀れんでやっていいのだ。こう思うことは、私に躍り上がりたい喜びだった。娘のために自分を綺麗(きれい)にして置きたい心一ぱいの時であるから、尚更(なおさら)である。

3 娘がまた言った。「③慣れてるんですけど、少し恥ずかしいわ。」

その声は、相手の視線を自分の顔に戻してもいいと言う意味を含ませているように聞こえた。娘は悪い素振りを見せたと、さっきから思っていたらしかった。

④明るい顔で、私は娘を見た。娘はちょっと赤くなってから、狡(ずる)そうな眼をしてみせて、

「私の顔なんか、今に毎日毎晩で㋔メズラしくなくなるんですから、安心ね。」と幼いことを言った。

私は笑った。娘に親しみが急に加わったような気がした。⑤娘と祖父の記憶とを連れて、砂浜の日向へ出てみたくなった。

← 人の顔を見る癖になった

= ［②　　　］の名残ではない

← 躍り上がりたい喜び

3

娘 視線を戻してもいいとほのめかす

← 私 明るい顔で娘を見る

← 娘 赤くなる／将来をにおわす軽口

← 私 笑う／娘への親しみが加わる

娘と祖父の記憶を連れて、日向へ出たい

▼1 空欄①・②にあてはまる語句を本文中から抜き出せ。［3点×2］

▼2 二つ目の意味段落のタイトルとして適当なものを次から選べ。［4点］

ア 私の貧しい生活
イ 娘から眼をそむける私
ウ 私の古い記憶
エ 娘を見る私

［　　］

問一 漢字 傍線部㋐〜㋔のカタカナを漢字に改めよ。 〔2点×5〕

㋐ ヤッカイ

㋑ ケンメイ

㋒ ナガヒバチ

㋓ サビしく

㋔ メズラしく

問二 語句 波線部「二親」の意味を次から選べ。 〔3点〕

ア 義理の両親　イ 二つの家族

ウ 父と母　エ 育ての親

問三 理由 傍線部①のようにしたのはなぜか。「癖」という語句を用いて三十字以内で説明せよ。 〔6点〕

問四 文脈 傍線部②とあるが、「日向」は「古い記憶」のどんな点と結びついたのか。三十字以内で説明せよ。 〔6点〕

問五 文脈 傍線部③の言葉に「私」は何を感じているか。適当なものを次から選べ。 〔4点〕

ア 一緒にいる相手の行為を受け入れようとする娘の気づかい。

イ うれしそうな顔をしている相手に応えようとする娘の優しさ。

ウ 眼をそむけたまま日向を見ている相手をいさめる娘の勝ち気さ。

エ 人の顔を見る癖が改まらない相手に対する娘のいら立ち。

オ 目線が戻るまで相手を見ようとする娘のいじらしさ。

問六 理由 傍線部④とあるが、「私」が「明るい顔」だったのは、どのようなことがわかったからか。三十字以内で説明せよ。 〔6点〕

問七 主題 傍線部⑤に見られる「私」の心情の説明として適当なものを次から選べ。 〔5点〕

ア 日向は娘にも縁がある場所であり、また幼い時に自分が祖父と出かけた楽しい場所でもあるので、そこで心の中の祖父に娘と結婚することを告げたい気持ち。

イ 自分が人の顔をじろじろ見る理由がわかったので、そのことを娘に教える場所として、祖父がじっと見つめていた南の日向がいちばんいいと思う気持ち。

ウ 今までよそよそしかった娘が自分を受け入れてくれるようになったことがうれしく、祖父の思い出につながる日向に出て、娘とともに過ごしたいという気持ち。

エ 祖父の記憶を呼び起こし、自分の気持ちを明るくしてくれた日向に出て、親しみの増した娘と祖父の記憶とともに過ごしたいという気持ち。

オ 日光に染まった砂浜を娘と見たこと、祖父と縁側に座り日向に向かっていたことを記憶に残したいという気持ち。

11 多集団所属に伴う葛藤

石川幹人（いしかわまさと）

[1] 現代社会においては、個々人に対する集団の意味合いが大きく変化している。もはや、(ア)シュリョウ採集時代のような[a]一蓮托生（いちれんたくしょう）の協力集団は存在していないし、部族意識でまとまる大規模な集団も[b]鳴りを潜めてしまった感がある。一個人は、一生の間に集団を渡り歩くものであるし、家庭や学校、職場や地域、趣味のサークルなど、複数の集団に所属することも当たり前になった。

[2] ところが、私たちの心理構造の(イ)キバンは昔のままである。そこで、企業や組合などの諸団体は、所属メンバーの連帯感を刺激し、集団からの離脱を防ごうと、私たちの心理構造を利用する。居心地のよい〝居場所〟を提供するのに加えて、団体の理念やスローガンを(ウ)声高に掲げるのだ。時には、団体の存続の危機をあおって結束を図ることさえある。①危機のない段階で〝将来の危機〟をあおる行為は、フェイクと見なされてもしかたがない。

[3] スローガンでメンバーをまとめようとする団体は、(エ)封建的な雰囲気になりがちである。トップの意見を上意下達し、下位の者も上を目ざし、自分の意見を主張しない傾向が生じやすい。まさしくサルの階層関係の復活である。たとえば、サッカーチームのユニフォームを進んで着る青年が、自分の学校の制服を着たがらない背景には、学校の封建的な雰囲気に対する反発が見て取れる。

[4] 一方で、現代社会における集団の求心力は急速に低下しつつある。もはや単なるスローガンでは、集団への忠誠心は維持できない。所属集団が変わりやすい現代では、個人としても②伝統的な心理構造と折り合いをつける必要がある。周囲からの承認を受け達成感を感じながらも、それに固執せずに、変化する環境に合わせて新しい集団を求めていく姿勢が重視される。

[5] また、複数の集団に所属するようになれば、いつでもどこでも変わらぬ〝本当の自分〟にこだわってはいられない。職場で細かいことに注意を払う経理社員が、週末に子供たちの運動を指導するおおらかなコーチになっていたら、どちらが〝本当の自分〟なのだろうか。③おそらくどちらも〝自分〟なのである。

[6] 〝本当の自分〟とは、シュリョウ採集時代の協力集団における理想である。何も取り(オ)ツクロうことなく、ありのままの自分を承認してもらいたいという欲求の現れでもある。しかし現代では、そのような密な協力集団はなくなり、関係が限定された集団ばかりになってきた。そうした集団ではむしろ、集団ごとに異

本文を読む前に

知・技	/16
思・判・表	/34
合計	/50

目標解答時間 15分

重要語句

8 **スローガン**…集団の理念などを端的に言い表した文章や標語。

9 **フェイク**…嘘。にせもの。

11 封建的

12 上意下達

本文の展開

【集団の意味合いの変化】…………

〈シュリョウ採集時代〉
←一蓮托生の協力集団に所属する

〈現代社会〉
複数の集団を渡り歩く・所属する

【集団のあり方】…………

現在：心理構造のキバンは昔のまま

・所属集団で認められる→承認欲求○
・所属集団に貢献　→達成感○

〈諸団体〉連帯感を刺激、離脱を防ぐ
・居場所の提供　・存続の危機をあおる
・理念、スローガンの提示
↓
①[　　　]になりやすい

〈現代社会〉
・変化する環境に合わせて新しい集団へ
・複数集団への所属
↓
②[　　　]にこだわっていられない

なった役割を果たすことが自己実現につながっている。自己を柔軟に演出できる人が④現代の文明環境に適応しているのである。

【結論】……［②］＝シュリョウ時代の理想
←
複数の集団で演じ分ける柔軟な自己
＝現代の文明環境への適応

▼1 空欄①・②にあてはまる語句を本文中から抜き出せ。〔3点×2〕

▼2 本文を右のように三つの意味段落に区切るとき、適当な分け方を次から選べ。〔4点〕

ア [1]／[2]〜[5]／[6]
イ [1]／[2]／[3][4]／[5][6]
ウ [1]／[2]／[3]〜[6]
エ [1]〜[4]／[5]／[6]

問一 漢字 傍線部㋐〜㋔のカタカナを漢字に改め、漢字には読みを示せ。〔2点×5〕

㋐ シュリョウ
㋑ キバン
㋒ 声高
㋓ 封建的
㋔ ツクロう

問二 語句 波線部a「一蓮托生」b「鳴りを潜め」の意味を次からそれぞれ選べ。〔3点×2〕

a
ア 仲が悪いこと
イ 運命を共にすること
ウ 強力なエネルギーを持つこと
エ うまく生き延びること

b
ア 水に潜る
イ 盛んになる
ウ 親密になる
エ 目立った動きがなくなる

問三 内容 傍線部①のような「行為」の具体例として適当なものを次から選べ。〔4点〕

ア 地震が起こったため津波への注意喚起をする。
イ インフルエンザ予防のワクチン接種を勧める。
ウ 宇宙人の侵略に備えて武装の必要性を説く。
エ 野球の大会で負けないよう練習方法を変える。
オ 将来の金融危機に備えて金塊を購入する。

問四 内容 傍線部②「伝統的な心理構造」とはどのようなものか。本文中から一文を抜き出し、最初の五字を答えよ。〔6点〕

問五 理由 傍線部③とあるが、なぜどちらも「〝自分〟」だと言えるのか。次から選べ。〔6点〕

ア 所属する集団が変わっても、〝本当の自分〟はひとつだから。
イ シュリョウ採集時代の協力集団における理想を実現しているから。
ウ どちらの〝自分〟も周囲から承認されているから。
エ 所属する集団ごとに自己のあり方は変わるものだから。
オ 自分が信じる〝自分〟の姿は変わっていくものだから。

問六 主題 傍線部④とあるが、「現代の文明環境」と過去との違いについて述べた次の文の空欄にあてはまる語句を、aは四字、bは五字で抜き出せ。〔4点×2〕

親密な［a］ではなく、関係の限定された［b］において異なる役割を果たすことが求められるようになった。

a

b

12 忘れる力の大きさ

外山滋比古（とやましげひこ）

本文を読む前に

1 同じことを経験した二人が、あとで記憶しているところを照合してみると、かならず違いがあるのは、この個性的忘却のためであろう。なにを覚えていて、なにを忘れるかは、㋐グウゼンによるのではなく、その人の価値観や好みなどによると考えれば、忘却の力が大きいことを認めなくてはならなくなる。

2 さらに、忘却は、加工するようである。元のものをそのまま記憶するか、修正を加えるか、または㋑ハイキしてしまうか——。こういうことがすべて無意識のうちにおこなわれているのは、おどろくべきことだが、そんなことを考える人はまずいない。それで忘却がないがしろにされるのである。

3 忘却は記憶と力を合わせて、〝思い出〟をつくり上げる。回想は、記憶と忘却の協力によってつくり上げられるものであるから、元の記憶と食い違うのは当然で、ひょっとすると、①記憶そのものにも忘却の力が作用しているかもしれない。その一部が、あとになって夢にあらわれたりするのであろう。

4 忘却は風化作用をともなっている。時のたつにつれて、対象を、おぼろにかすませるようである。近くにあったときはかならずしも美しくなかったものが、過去になると、だんだん美化される。〝なつかしい〟思い出は、忘却の美化作用によって生まれる。ときに記憶が、この忘却のはたらきに異をとなえることがあっても、忘却の美化作用を止めることはできない。すべてのものが、忘却の風化作用を受けて美しくなる。記憶は㋒モクして語らないから、そう認識するしかない。

5 こう考えると、過去は記憶によってつくられるものではなく、忘却によってつくられたものであると考えなくてはならなくなる。記憶の命は短く、忘却のはたらきは、それとは気づかれないが、きわめて強力で持続的である。人間の精神も、記憶によってつくられる部分より、忘却によって支えられているところのほうがはるかに大きいのではないかと思われる。

6 いいかえると、②記憶と忘却では、忘却のほうがつよい力をもっているのである。だから、記憶より先行して、記憶を助け、そして記憶がとり入れたものをチェックして過去をつくる。忘却は記憶に先行し、そして、後始末、整理をする。記憶より大きなはたらきを、それとは意識させずにおこなっている〝巨人〟である。

7 それをこれまでは逆に、忘却は記憶を㋓ボウガイ、破壊する悪玉のように③考えてきた。たいへん大きな誤りであったということになる。記憶はよいものと考える人たちが、いつしか記憶を不当にまつり上げてし

重要語句

5 無意識　25 記憶の超人的機械

知・技	/13
思・判・表	/37
合計	/50
目標解答時間	15分

本文の展開

1 2 【忘却の軽視】……

同じ経験をした二人の記憶が異なる

↓「①　　　」のため

価値観や好みによって、加工（記憶・修正・ハイキ）が無意識のうちにおこなわれる

→そう考える人はまずいない

3〜6【忘却のはたらき】……

・記憶と協力して〝思い出〟をつくる
・風化作用、対象を美化する作用〈記憶には止められない〉
・強力で持続的〈記憶は命が短い〉

過去…忘却によってつくられる
人間の精神…忘却に支えられている

⬅ こう考えると

＝ いいかえると

忘却は記憶よりつよい力をもち、大きなはたらきをおこなっている

まったのである。記憶の超人的機械があらわれた現代において、古い記憶信仰㋔は見直されなくてはならない。

問一 **漢字** 傍線部㋐～㋔のカタカナを漢字に改め、漢字には読みを示せ。［2点×5］

㋐ **グウゼン**

㋑ **ハイキ**

㋒ **モクして**

㋓ **ボウガイ**

㋔ **信仰**

問二 **語句** 波線部「おぼろ」の意味を次から選べ。［3点］

ア 夢中になる　**イ** 息苦しい

ウ 色が薄い　**エ** ぼんやりする

問三 **内容** 傍線部①とあるが、どういうことか。適当なものを次から選べ。［6点］

ア 忘却が記憶に基づき、その人の価値観や好みを方向づけているということ。

イ 忘却が記憶と並行して、記憶を邪魔するはたらきをしているということ。

ウ 忘却が記憶に関与し、記憶の内容を整理しているということ。

エ 記憶という作用自体が忘却を引き出しているということ。

オ 記憶は忘却を破壊し、後始末をするよいものだということ。

問四 **理由** 傍線部②のように筆者が述べる理由を説明している一文を本文中から二十五字以内で抜き出し、初めの六字で答えよ。［6点］

問五 **理由** 傍線部③の原因となったのはどのような考えか。「記憶」「忘却」という語句を用いて三十五字以内で説明せよ。［8点］

問六 **主題** 本文の内容に合致しないものを、次から選べ。［7点］

ア 人間は記憶だけでなく、精神的なものまで忘却の影響を受けている。

イ 経験の記憶に個人的な違いはないが、忘却は個性的である。

ウ 忘却の作用は記憶の作用よりも複雑多岐にわたると考えられる。

エ 記憶は忘却と比較するとそのはたらきが弱いと考えざるを得ない。

オ 人間は記憶では機械にかなわないのだから忘却の力を見直すべきだ。

7 **【記憶信仰の見直し】**

これまで 忘却＝悪玉、記憶＝よいもの

（　）〈記憶の不当なまつり上げ〉

現代 記憶信仰は見直されるべき

〈記憶の［②］が登場〉

▼**1** 空欄①・②にあてはまる語句を本文中から抜き出せ。［3点×2］

▼**2** （　）にあてはまる記号を次から選べ。［4点］

ア ← （因果関係）

イ ⇔ （対比関係）

ウ ＝ （同義関係）

13 利休にたずねよ

山本兼一

▶ 本文を読む前に

1 それまで宗易と名乗っていた堺の干魚商人千与四郎が、利休の法号を帝から賜ったのは、去年の小御所の茶会に際してである。

2 その名を帝に奏上したのは、大徳寺の古渓宗陳。

「名利頓休……でございますか。」

(ア)内裏をさがってから大徳寺をおとない、利休という号の由来を(イ)タズねると、宗陳が首を振った。

「なんの、①老古錐となって、(ウ)禅にハゲめという意味であるわい。」

言われて、利休は、②深々とうなずいた。

「名利頓休」の「利」ならば、いたずらに、名利や(エ)リエキをむさぼるな、という教えである。老古錐は、古びて、切っ先の鋭利さをなくした丸く役に立たない錐のことだ。「利」は、刃物の鋭さを意味することになる。鋭さも、ほどほどにせよ、という教えを込めた「利休」である。

3 心のなかのすべてを、宗陳に見抜かれている気がした。

「[A]押し隠しても、あなたは鋭い。目が鋭い、気が鋭い、全身が鋭い。」

「そうかもしれません。」

[B]思い当たることがある。

「そろそろ、丸く鈍な(オ)境涯に悟達なさっても、③よろしかろうと思うてな。」

「ありがとうございます。」

利休号を授かったばかりの宗易は、両手をついて頭を下げた。

年下ながらも、宗陳には、いつも、すべてを見抜かれている気がしていた。自分が抱えている深い闇の底までを。

4 その日から、秀吉の茶頭千宗易は、千利休となったのである。

---

1 **法号**…仏弟子としての名前。
1 **小御所**…京都御所内の建物。
5 **おとなう**…訪問する。たずねる。
9 **錐**…小さい穴をあけるための工具。
15 **悟達**…悟りに至ること。
20 **茶頭**…貴人に茶を教える師匠。

重要語句
1 賜る　3 奏上　5 由来　9 切っ先　9 鋭利

本文の展開

1【展開1】……宗易が帝から利休の法号を賜った。

2【展開2】……利休の名…古渓宗陳が帝に奏上

「老古錐となって、禅にハゲめ」の意 ＝ 鋭さも、①[　　]にせよ。

3【展開3】……宗易 → 心のなかのすべてを、宗陳に②[　　]気がした。

4

知・技 /13
思・判・表 /37
合計 /50
目標解答時間 15分

問一 **漢字** 傍線部㋐〜㋔のカタカナを漢字に改め、漢字には読みを示せ。［2点×5］

㋐ **内裏**
㋑ **タズ**ねる
㋒ **ハゲ**め
㋓ **リエキ**
㋔ **境涯**

問二 **語句** 波線部「いたずらに」の意味を次から選べ。［3点］

ア 思いつきで
イ 遊び心で
ウ むなしく
エ 悪ふざけで

問三 **文脈** 空欄A・Bに入る語句を次からそれぞれ選べ。［2点×2］

ア たしかに　**イ** どこかに
ウ 少し　**エ** いくら

A　B

問四 **内容** 傍線部①「老古錐となって」とは、どのようになることか。解答欄に合う形で二十字以内で答えよ。［7点］

こと。

問五 **理由** 利休が、傍線部②のように「深々とうなずいた」のはなぜか。解答欄に合う形で二十字程度で答えよ。［7点］

から。

問六 **文脈** 傍線部③とあるが、「よろしかろうと思うて」宗陳はどうしたというのか。次から選べ。［4点］

ア 利休に悟りについて説教をした。
イ 利休が訪れてくるのを待っていた。
ウ 利休の鋭さを指摘した。
エ 利休の法号を帝に奏上した。
オ 利休の法号の由来を説明した。

問七 **主題** 本文の内容と合致するものを次から選べ。［5点］

ア 利休は宗陳に心の内を指摘されたことについて、不愉快だと思っている。
イ 利休は宗陳の言う法号の由来については、的外れだと思っている。
ウ 利休は法号を帝から賜ったことがうれしくて、喜びを隠しきれない。
エ 利休は今まで名利やリエキをむさぼっていたことに対して反省している。
オ 利休は宗陳に法号の由来を聞くことで、己の心の内を再確認している。

宗陳…丸く鈍な境涯に悟達してもよかろう、と宗易に言う。
←
自分が抱えている深い闇の底まで、すべてを見抜かれている気がした。

4【展開4】……………
宗易→千利休となる。

▼**1** 空欄①・②にあてはまる語句を本文中から抜き出せ。［3点×2］
▼**2** 本文を三つの意味段落に区切るとき、適当な分け方を次から選べ。［4点］

ア 1／2／3／4
イ 1／2／3／4
ウ 1／2／3／4

14

転機の眺め

黒井千次（くろいせんじ）

▶ 本文を読む前に

① 人の一生には、岐路[a]とか、転機とか、選択とか、決断と呼ばれるような、①いくつかの節目がある。とかく劇的な場面を想像しがちなそれらの節目は、しかし歳月を経て遠くから眺めてみれば、[A]自分の意志に基づいて乗り切られたものばかりではなく、いわば後ろから押されるようにしてやむを得ず越えてしまった、というケースも少なくないように思われる。

② たとえば子供が成長するにつれて㋐オトズれる一つの転機は、②大人の作り上げたルールによって到来する。幼稚園や小学校といった集団への加入がそれである。従来家庭の中で育てられていた子供にとっては、一人で同年齢の子供たちの間に入って時を過ごすのは大きな変化であるにちがいない。そこは幼なじみや親しい遊び仲間のいる自由な集団とは違い、ほとんど未知の子供たちが初めて顔を合わせる場所なのだから、家庭と比べれば異種の世界であり、いわば初めての社会との出会いといえる。入園や入学の決定は、まだ幼いために子供本人の意志や希望によるウエイトは低く、多くの場合親や保護者といった大人の判断に㋑委ねられている。したがって③子供は選択とか意志決定の責任を免れているのだが、その分、大人から押しつけられるものの圧力は恐怖を呼び起こすほど巨大なものに㋒膨れ上がるにちがいない。

③ しかし異質の世界に自分が入っていくときの戸惑い、抵抗感、躊躇（ちゅうちょ）、恐れは、本当は④子供も大人もさして変わらないのではあるまいか。大人の場合には、自己の意志によってその選択がなされたとの意識が働くために、なんとか抵抗を㋓コクフクすべく努力するとか、自分で決めたことなのだからしかたがないとあきらめるとか、さまざまな方便を㋔模索するところが違うだけであるような気がする。

④ 考えてみれば、人が成長するとは、新しい異質の世界に絶えず出会い続けることでもあるだろう。その意味では岐路とか選択は、大小の差こそあれ常にわが身に引き受けざるを得ぬものである。年齢に押し上げられるようにしてぶつかる子供の初めての入園や入学はその新鮮な第一歩なのであり、以降次々と発生する転機、決断のプロローグ[b]であると思われる。

重要語句

1 転機　1 節目　2 劇的
3 やむを得ず　10 ウエイト
13 躊躇　13 さして　16 方便

知・技	/14
思・判・表	/36
合計	/50

目標解答時間 15分

本文の展開

①【起】…… 人の一生にはいくつかの節目がある

②【承】…… 例 幼稚園や小学校への加入
初めての [①] との出会い
↓大人の判断に委ねられている

→ 巨大な圧力

③【転】…… 異質の世界に入っていくときの戸惑い・抵抗感・躊躇・恐れ

← 大人
●抵抗をコクフクすべく努力する
●しかたがないとあきらめる

④【結】…… 子供とはさまざまな方便を模索するところが違うだけ
＝ 人が成長する

問一 **漢字** 傍線部㋐～㋔のカタカナを漢字に改め、漢字には読みを示せ。〔2点×5〕

㋐ **オトズ**れる
㋑ **委**ね
㋒ **膨**れ
㋓ **コクフク**
㋔ **模索**

問二 **語句** 波線部a「岐路」b「プロローグ」の意味を次からそれぞれ選べ。〔2点×2〕

a **ア** 回り道　**イ** 分かれ道
ウ 険しい道　**エ** 曲がり道

b **ア** 体験　**イ** 繰り返し
ウ 予測　**エ** 始まり

問三 **文脈** 空欄Aに入る語句を次から選べ。〔2点〕

ア もちろん　**イ** 当然
ウ 必ずしも　**エ** あたかも

問四 **文脈** 傍線部①「いくつかの節目がある」とあるが、人が「節目」のような成長の過程で出会うものは何か。本文中から五字で抜き出せ。〔6点〕

問五 **内容** 傍線部②の「大人の作り上げたルール」とは具体的にはどういうものか。次から選べ。〔5点〕

ア 子供の個性を生かすために作った教育課程。
イ 子供の成長年齢に合わせて決定した学校制度。
ウ 子供の要望より経済事情を優先する社会制度。
エ 子供の意欲を高めるために作った学習内容。
オ 子供の意志による責任を押しつける地域制度。

問六 **理由** 傍線部③の理由を二十五字以内で答えよ。〔7点〕

問七 **主題** 傍線部④とあるが、どういうところが変わらないのか。次から選べ。〔6点〕

ア 筆者は、人は一生のうちに何回も転機を迎えるところが変わらないと述べている。
イ 筆者は、決断を迫られるときが誰にでも来るところが変わらないと述べている。
ウ 筆者は、家庭からの独立が成長の第一歩であるところが変わらないと述べている。
エ 筆者は、異質の世界に入るときは責任を免れるところが変わらないと述べている。
オ 筆者は、人生の節目で戸惑いや恐れを感じるところが変わらないと述べている。

新しい［　②　］に絶えず出会い続けること

▼**1** 空欄①・②にあてはまる語句を本文中から抜き出せ。〔3点×2〕

▼**2** 次の図の空欄にあてはまる語句の組み合わせを後から選べ。〔4点〕

子供…［　③　］に委ねらる
↔ 人生の節目の決定
大人…［　④　］により選択

ア ③＝自己　④＝社会の風潮
イ ③＝社会　④＝子供の年齢
ウ ③＝子供　④＝巨大な圧力
エ ③＝大人　④＝自己の意志

15 漱石と「自己本位」

小森陽一（こもりよういち）

１ 夏目漱石の言う「自己本位」とは、エゴイズム（利己主義）でも、エゴティズム（自己中心主義）でも、エゴセントリズム（幼児的自己中心性）でもありません。一九〇六（明治三九）年十一月の狩野亨吉（かのうこうきち）宛の手紙で漱石は、英国から帰国する船中で「自己本位」を貫いて生きる決意を固めたと書いています。『私の個人主義』の中では『文学論』を構想するときに、「自己本位」でやっていこうと決めたと語っています。一九〇六年十一月といえば『文学論』の「序」が書かれたときです。自らの心的外傷を確認するかのように、「自己本位」という言葉を反復して想起されているのです。『私の個人主義』の中での「自己本位」は、①「普通の学者は単に文学と科学とを混同して、甲の国民に気に入るものはきっと乙の国民の賞賛を得るに決まっている、そうした必然性が含まれていると誤認してかかる」という考え方への批判として提示されています。

２ まず「国」の問題が出てくるのです。もしすべての人種や民族が同じ「進化」の過程をたどるのであれば、「進化」の一つの結果としての「文学」的表現も、皆同じになるのが必然だということになります。すると「進化」の頂点にはイギリスをはじめとする欧米列強が位置しているわけですから、どの民族も西欧②的な「文学」を模倣しなければならないということになります。事実、坪内逍遙（つぼうちしょうよう）以来の日本の㋐ブンダンもそうだったわけです。漱石は、それが決定的な「誤認」だと言うのです。この発言の直前に「私が独立した一個の日本人であつて、決して英国人の奴婢（ぬひ）でない」という言葉があるために、一見ナショナリスティックな発言のようにもとれますが、実はそうではないのです。

３『吾輩（わがはい）は猫である』の迷亭は、「人々個々（にんにんここ）おのおの特別の個性を持ってるから、人の作った詩文などは一向おもしろくないのさ。現に今でも英国などではこの㋑ケイコウがちゃんと表れている。現に英国の小説家中で最も個性の著しい作品に表れた、メレディスを見たまえ、ジェームスを見たまえ。読み手はきわめて少ないじゃないか。少ないわけさ。あんな作品はあんな個性のある人でなければ読んでおもしろくないんだからしかたがない。」と言い切っています。「文学」的な「個性」あるいは「芸術」的な「個性」とは、㋒テッテイして自らの美的判断や㋓リンリ的判断、あるいは好悪の㋔シュコウに忠実になろうとするわけですから、原理的には、その人自身にしかわからないものかもしれないのです。この領域はすべての現象に共通な真理を明らかにする自然科学とは決定的に異なります。たった一人の、一回的な実践という特異性が、

▶ 本文を読む前に

重要語句
- 1 利己主義
- 5 心的外傷
- 15 奴婢
- 15 ナショナリスティック

知・技	/13
思・判・表	/37
合計	/50

目標解答時間 15分

本文の展開

１２【問題提起・考察1】……

●漱石の「自己本位」

学者…文学と科学とを混同 [　　　]

・「甲の国民に気に入るものはきっと乙の国民の賞賛を得るに決まっている」
・文学的表現は「進化」の結果
　↓皆同じになる
・西欧の文学は「進化」の頂点
　↓模倣するのが必然

３【考察2・結論】……

漱石…「個性」のある作品を他人が読んで①[　　　]のはしかたがない

←

・文学的・芸術的「個性」
自らの美的・リンリ的判断や好悪のシュコウに忠実

「文学」や「芸術」の在り方なのです。

問一 漢字 傍線部㋐～㋔のカタカナを漢字に改めよ。〔2点×5〕

㋐ ブンダン

㋑ ケイコウ

㋒ テッテイ

㋓ リンリ

㋔ シュコウ

問二 語句 波線部「利己主義」の意味を次から選べ。〔3点〕

ア 温厚　イ せっかち

ウ 慎重　エ わがまま

問三 文脈 傍線部①とあるが、文学と科学の特性を端的に表現した箇所を、解答欄に合う形で本文中から文学は十三字、科学は十九字で抜き出せ。〔6点×2〕

文学 ［　　　　　　　　　　　　　］である点。

科学 ［　　　　　　　　　　　　　　　　　］点。

問四 文脈 傍線部②とあるが、漱石はどういう考え方が「誤認」だと述べているか。適当なものを次から選べ。〔7点〕

ア 文学は国を越えて同じように進化し、同じ表現をめざすという考え方。

イ 日本の文学は、西欧的な文学とは違う個性を持っているという考え方。

ウ 文学は国が違っても、それぞれに応じたやり方で鑑賞されるという考え方。

エ 文学は進化を遂げていくと、各国特有の文学的表現が生まれるという考え方。

オ 日本の文学は、欧米列強に動じない強い信念を文学の中で表現するという考え方。

（その人自身にしかわからない）
・文学や芸術の在り方
たった一人の、②［　　］という特異性

＝「自己本位」

▼**1** 空欄①・②にあてはまる語句を本文中から抜き出せ。〔3点×2〕

▼**2** ［　　］にあてはまるものを次から選べ。〔4点〕

ア ＝ 容認し受諾

イ ← 誤認だと批判

ウ ↔ 曲解だと対立

問五 主題 二重傍線部にあるように、「自己本位」は漱石の文学論的立場だけでなく生き方でもあるが、それはどのような生き方か。適当なものを次から選べ。〔8点〕

ア 自分の価値観に自信を持ち、他人に対して持論を明確に主張する生き方。

イ 他人の立場を思いやって、自分独自の価値観との妥協点を見つける生き方。

ウ 人それぞれの固有な立場を認めたうえで、自分の価値観を大切にする生き方。

エ 周囲の考えを尊重することなく、自分の価値観を他人に押しつける傲慢な生き方。

オ 自分の価値観を絶対視して、他人との相対的な評価から自由になる生き方。

16 自らの偶然を引き受ける

佐伯啓思(さえきけいし)

1 「生」とはあらかじめ与えられた自明[a]の事実ではなくて、それ自体が偶然の産物である。この偶然性の根底には、われわれの「生」に先行する死者たち・犠牲者たちが横たわっている。

2 [A]、われわれは、われわれに与えられた現実の「生」において、①死者たちへの負い目がある。その負い目があるが故に、生き残った者は死者に対して、ある責任を果たさなければならないという考えが出てくる。②「死者への責任」という観念が出てくる。

3 この責任観念はリベラリズムのいう責任とは大きく異なっている。リベラリズムで言われる責任の中心にあるのは、自己責任だ。自分自身に対する責任であって、その論理は「選択する主体は[I]だから、選択した結果についても[I]で責任を持つ。」というわかりやすいものだ。自由な選択と自己責任は対の概念となっている。

4 [B]、これはリベラリズムの欺瞞(ぎまん)[b]に過ぎない。「犠牲の㋐ジョウキョウ」を根底に置けば、本当の意味での責任とは、まずは「死者への責任」とならざるを得ないからである。責任は、自分がたまたま犠牲にならずに生き残ったという偶然性を運命的なものとして引き受けることから発する。

5 この「死者への責任」は、「共同社会に対する責任」と言い㋑カえることもできる。もっと具体的には「国に対する責任」と言うこともできよう。さらに「死者」によって作り出された共同体の意識とは、現在の自己と死者たちをつなぐという意味で、共同社会の歴史を引き受けることであり、それは歴史の中にある伝統や知恵や共通の経験を（苦い経験も含めて）引き㋒ツぐというように言いカえることも可能であろう。「死者」という概念を少し拡大して理解すれば、具体的なだれそれではなく、共同体を共同体たらしめるような歴史、伝統、戦争の記録、社会的伝承、習慣といったものへの責任という観念が出てこざるを得ない。一言で言えば、③「過去」に対してわれわれは責任を持たなければならない。㋓好悪による選択という以前にわれわれは、「過去」の㋔イサン相続人であるほかないからである。

▶ 本文を読む前に

重要語句
1 偶然
2 先行
6 リベラリズム
12 運命的
13 共同社会
19 好悪

知・技	/14
思・判・表	/36
合計	/50

目標解答時間 15分

本文の展開

生＝偶然の産物（死者の犠牲による）
→ 死者たちへの負い目
→ 「死者への[①]」が出てくる
⇐ ×リベラリズムのいう「自己責任」
自分が生き残った偶然性を運命的なものとして引き受ける
「[②]に対する責任」「国に対する責任」
← 歴史、伝統、戦争の記録 社会的伝承、習慣 など
← ＝ 過去に対し、われわれは責任を持たなければならない。

問一 漢字 傍線部㋐〜㋔のカタカナを漢字に改め、漢字には読みを示せ。〔2点×5〕

㋐ **ジョウキョウ**
㋑ **カ**える
㋒ **ツ**ぐ
㋓ **好悪**
㋔ **イサン**

問二 語句 波線部a「自明」b「欺瞞」の意味を次からそれぞれ選べ。〔2点×2〕

a
ア よくわかる
イ 自然にわかる
ウ だんだんわかる
エ わかりきっている

b
ア だまされて悔しがる
イ うそをついて後悔する
ウ うそをついてだます
エ 適当に言い訳をする

問三 文脈 空欄A・Bに入る語句を次からそれぞれ選べ。〔2点×2〕

ア なぜなら　**イ** しかも
ウ とすれば　**エ** だが

A
B

問四 内容 傍線部①とあるが、これはどのようなことか。解答欄に合う形で本文中から二十字以内で抜き出せ。〔5点〕

ということ。

問五 内容 傍線部②とあるが、これはどのようなものか。具体的に説明している部分を本文中から四十五字程度で抜き出し、初めと終わりの五字で答えよ。〔5点〕

〜

▼**1** 空欄①・②にあてはまる語句を本文中から抜き出せ。〔3点×2〕

▼**2** 本文を三つの意味段落に区切るとき、適当な分け方を次から選べ。〔4点〕

ア 1／2 3 4／5
イ 1／2 3／4 5
ウ 1 2／3 4／5
エ 1 2／3／4 5

問六 文脈 空欄Iに入る語句を本文中から漢字二字で抜き出せ。〔5点〕

問七 主題 傍線部③のように言えるのはなぜか。次から選べ。〔7点〕

ア 偶然とはいえ生き残った者として、共同社会の歴史を引き受けていく運命にあるから。
イ 歴史や伝統を引き受けることを選んだ自分に、それを選択した責任があるから。
ウ 共同社会の歴史を引き受けることを、われわれの共同体から依頼されたから。
エ 歴史や伝統を理屈抜きで理解し、共同社会を後世に伝えなければならないから。
オ 共同社会の歴史を学ぼうとする姿勢が、その相続人としての責務を果たすから。

【文章Ⅰ】文化庁「令和２年度『国語に関する世論調査』の結果の概要」(2021年)

〔問２：質問〕

【新型コロナウイルス感染症に関連して】

自分も相手もマスクを着けている状態で会話をするときに、マスクを着けていないときと比べて話し方や態度などが変わることがあると思いますか。それとも、ないと思いますか。

〔問２：全体の結果〕

結果は、次のグラフのとおり。

「変わることがあると思う」は62.4%となっている一方、「変わることはないと思う」は36.7%となっている。

〈問２〉マスクを着けると話し方や態度などが変わることがあると思うか

〔問２付問：質問〕

（問２で「変わることがあると思う」と答えた人（全体の62.4%）に対して）

どのような点で変わることがあると思いますか。（幾つでも回答）

〔問２付問：全体の結果〕

結果は次のグラフのとおり。

「声の大きさに気を付けるようになる」が74.1%と最も高く、次いで「はっきりとした発音で話すようになる」(57.5%)、「相手との距離に気を付けるようになる」(45.1%)、「相手の表情や反応に気を付けるようになる」（39.8%）となっている。

〈問２付問〉マスクを着けると変わることがあると思う点

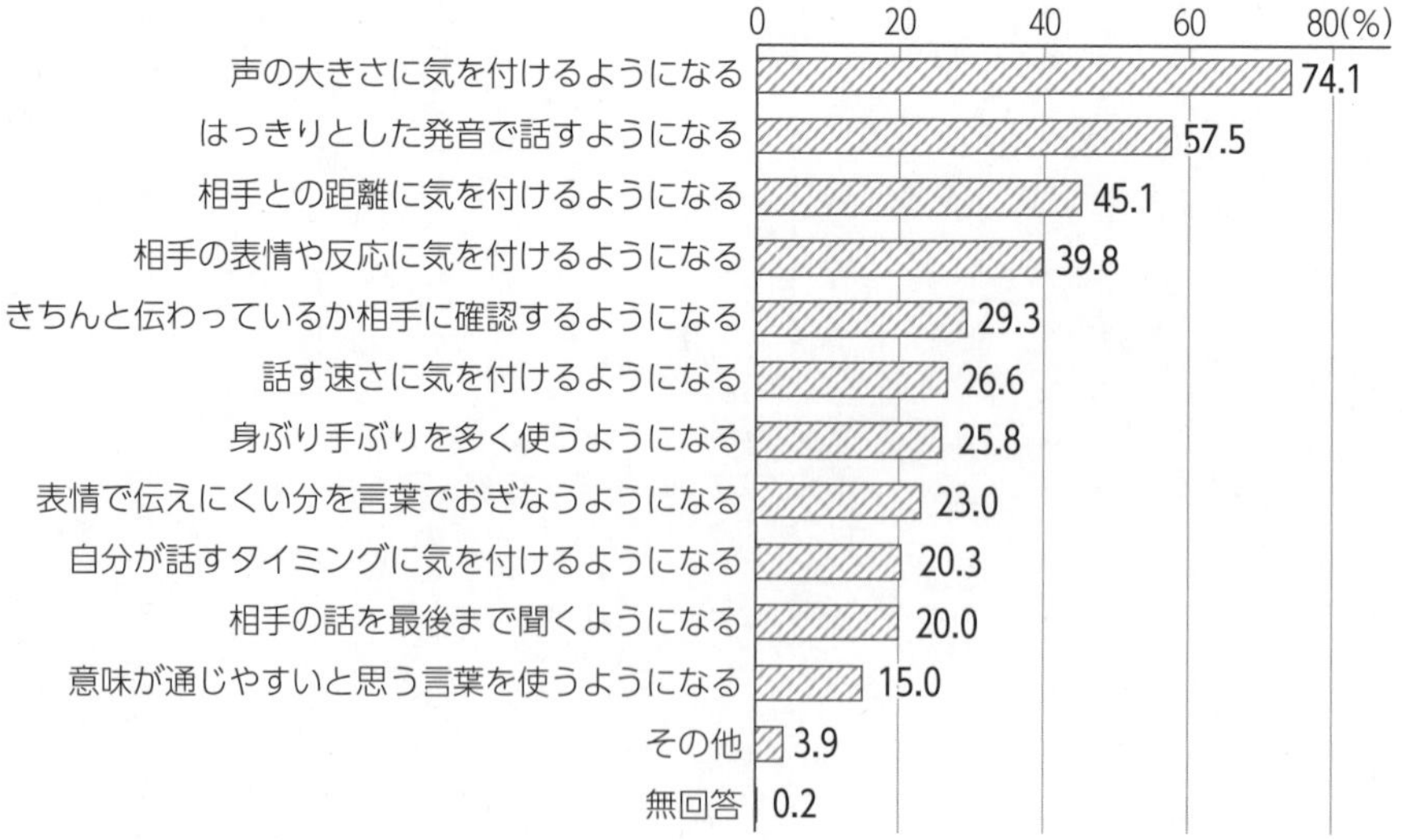

本文を読む前に

知・技　/16

思・判・表　/34

合計　/50

目標解答時間　20分

【文章Ⅱ】 竹内一郎『人は見た目が9割』（二〇一〇年）

私たちの周りにあふれている言葉以外の(ア)ボウダイな情報――。それを研究しているのが、心理学の「ノンバーバル・コミュニケーション」と呼ばれる領域である。最近は、言葉よりも、言葉以外の要素のほうがより多くの情報を伝達していることがわかってきた。アメリカの心理学者アルバート・マレービアン博士は人が他人から受け取る情報（感情や態度など）の割合について次のような実験結果を発表している。

○顔の表情　五五％
○声の質（高低）、大きさ、テンポ　三八％
○話す言葉の内容　七％

話す言葉の内容は七％にすぎない。残りの九三％は、顔の表情や声の質だというのである。実際には、身だしなみやしぐさも大きく影響するだろう。ついついコミュニケーションの「主役」は言葉だと思われがちだが、それは大間違いである。演劇やマンガを主戦場としている私は、人は能力や性格もひっくるめて「見た目が九割」といっても差し支えないのではないかと考えている。

にもかかわらず、学校教育では「言葉」だけが、「伝達」の手段として教えられる。だから七％を「全体」と勘違いしている人が生まれる。たとえば、「本をたくさん読む人」が「たくさん勉強している人」という(イ)サッカクが生まれる。「本をたくさん読む人」が必ずしも「情報をたくさん摂取している人」ではないのである。

私たちは「本をたくさん読む人」の中に、(ウ)ジンボウもなく、仕事もできず、社会の仕組みが全く理解できていないと思える人がたくさんいることを知っている。七％の情報の中で生きている、あるいは、自分が重視していない九三％と、自分が愛する七％との関連付けが行われないまま、「世渡り」をしているとおぼしき人である。そういう人と接すると「言葉が地に着いていない」あるいは「言葉が宙に浮いている」と感じる。表現を変えれば、たしかに理屈は正しいのだが、理屈しか正しくない人たち――。私たちは、そういう人の意見を聞くと、こんな反応をしたくなる。

「あなたの言うことの意味はわかるけど、あなたに言われたくない。」

言葉主体の「コミュニケーション教育」の申し子たちは、七％を見て九三％を見ない（そういう人も「a木を見て森を見ず」という言葉は知っている）。とは言いつつ、九三％がいかに大切かを説いている私も、(エ)分が悪いのを実感せざるを得ない。何しろ、書物は「言葉」で書かなければならないのだから。

教育のb陥穽（かんせい）という観点から、一つ(オ)ホソクする。私たちは、子供のころ小学校の先生に「人を外見で判断してはいけない。」と教えられた。それは「人は外見で判断するもの」だから、そういう教育が必要だったのだ。

逆に言うなら、「人を外見で判断しても、基本的には問題ない。ごくまれに、例外があるのみである。」と言ってもよい。

問一 漢字 傍線部㋐～㋔のカタカナを漢字に改め、漢字には読みを示せ。〔2点×5〕

㋐	㋑	㋒

㋓	㋔

問二 語句 波線部a「木を見て森を見ず」b「陥穽」と似た意味の語句を、次からそれぞれ選べ。〔3点×2〕

a ア 盲亀浮木（もうきふぼく）　イ 無我夢中
　ウ 茫然自失（ぼう）　エ 枝葉末節

b ア 欠陥　イ 没落
　ウ 落とし穴　エ 抜け穴

a［　］ b［　］

問三 指示 二重傍線部「そういう教育」とはどのような教育か。本文中の語句を用いて二十五字以内で答えよ。〔6点〕

問四 さゆりさんは【文章Ⅰ】と【文章Ⅱ】を比較し、次のようなレポートにまとめた。これを読んで、後の問いに答えよ。

●二〇一〇年【文章Ⅱ】
●「人が他人から受け取る情報」の割合のうち、最も低いのは「　A　」、最も高いのは「　B　」。
●二〇二一年【文章Ⅰ】
●新型コロナウイルスの影響で、　i　ようになった。
→　i　ことで、六二・四％の人が「話し方や態度などが変わることがあると思う」と回答。

●「問2付問」を見ると、マスクの存在は【文章Ⅱ】における「　B　」より「声の大きさ」に強く影響を与えていると考えられる。
理由「問2付問」の結果のうち「　C　」が「　D　」「　E　」より上位に来ているため。
●「問2付問」の結果のうち、「意味が通じやすいと思う言葉を使うようになる」の回答は一五・〇％と低い。
→【文章Ⅱ】における「　A　」はマスクの有無にかかわらず、情報伝達に影響を与えにくい。

(1) 内容 空欄A～Eにあてはまる語句を、【文章Ⅰ】と【文章Ⅱ】からそれぞれ抜き出せ。〔5点×5〕

A［　］
B［　］
C［　］
D［　］
E［　］

(2) 文脈 空欄iに入る内容を、【文章Ⅰ】の語句を用いて七字で答えよ。〔3点〕

18 「環境知能」が目指すもの

前田英作（まえだえいさく）

▶ 本文を読む前に

知・技	思・判・表	合計
/13	/37	/50

目標解答時間 20分

1 現代の私たちが失ってしまったかに見える①妖精・妖怪の世界を取り㋐モドすために、情報科学技術がなしうることは何だろうか。人間は本来コミュニケーションによって生きる動物であるとも言われるように、人はいろいろな種類の対話をしながら日々の生活を営んでいる。それは人との対話の場合もあれば、動物や植物などの自然との対話、もの（人工物）との対話、あるいは自らの心の内との対話であったりもする。神と対話をする人もいるだろう。こうした対話をここでは広く「コミュニケーション」と呼ぶことにしよう。この場合のコミュニケーションは、もはや単なる言語的メッセージの㋑デンタツ手段ではなく、相手、あるいは自分自身の情動や行動に影響を与えるような可能性を持つものである。

2 人間同士のコミュニケーションでは、さりげない一言やちょっとした笑顔が私たちの心を豊かにしてくれることがある。そうした自覚的な意識を持つことは少ないかもしれないが、あとから振り返ってみるとその些細（ささい）な出来事が私たちの大きな支えとなってくれていたことに気づくことも多い。コミュニケーションが「温かさの交換」であるとも言われるように、②より豊穣（ほうじょう）で多様なメッセージの交換手段としてのコミュニケーションこそ、環境知能研究において扱っていきたいと考えているものにほかならない。③情報通信技術が生活のいたるところに広がり、環境の一部となって人の状況をセンシングし、人に何かを働きかける、すなわち環境知能となったとき、その環境知能は、人にとっての対話相手、コミュニケーションの相手そのものになる。あるいは、環境知能の向こう側にいる第三者（それは人間とは限らない）との対話の仲介役を環境知能が果たす場合もあるだろう。

3 このコミュニケーションの仲介という役割は、妖精・妖怪がかつて人間に対して果たしてきた役割にほかならない。妖精・妖怪は、人間と人間、人間と「もの」、人間と自然との関係を仲介することで、人間の持つ不安を㋒カンワしたり、人間の心にゆとりや楽しさを与えていたのである。陰でそっと人間を支えるという妖精・妖怪の、そして環境知能の役割は、人の心を解きほぐす心理療法家の営為に近いのかもしれない。霜山徳爾（しもやまとくじ）氏は、「心理療法は人々を支える小さな扶（たす）けにな」ればよく、「声高であってはいけない」と説く。さらに、「心理治療家の一生は深い編笠（あみがさ）ですっぽり顔をおおって、おのれの、ユング的な意味での〈影〉

13 **センシング**…感知すること。
20 **心理療法家**…催眠・暗示・精神分析などの心理的手段によって病気を治療しようとする人。
22 **ユング的な意味での〈影〉が、患者に投影される**…自分の心の無意識下に追いやっているものを患者の中に見いだすこと。
24 **門付け**…人家の門前で芸などを実演し、金品をもらい受けること。

重要語句
7 情動　25 ゆきずり　27 示唆的

本文の展開

1 〈問題提起〉妖精・妖怪の世界を取りモドすための情報科学技術とは？
・さまざまな相手との対話
＝情動や行動に影響を与え合うコミュニケーション

2 人間同士のコミュニケーション
…心を豊かにし、大きな支えとなる
豊穣で多様なメッセージの
①［　　　　］

が、患者に投影されるのを㋓サけながら、ただ独りで、一軒一軒の患者の門前に立ち、おそらく、通じようもない調べをなんとか㋔ウッタえようと、ひととき門付け（かどづ）の営みの内に、吹き鳴らす尺八の調べに、つまり治療のことばに、おのれの精魂を打ち込んだうえに、このゆきずりの家から、静かに立ち去ることが大切」であると言う。心理療法家の叡智（えいち）とでも言うべき技に情報科学技術は競うべくもないが、④環境知能が目指すべき方向を考えるうえで示唆的である。

→ 環境知能研究のテーマ

●環境知能

情報通信技術が ②［　　　］ の一部
となって人を感知し、働きかける
↓人の対話相手、第三者との対話
の仲介役となり得る

3

●かつての妖精・妖怪の役割

・人間・もの・自然との関係を仲介
・不安をカンワし、ゆとりや楽しさを与える
・陰でそっと人間を支える
≒
心理療法家の営為

○人々を支える小さな扶け　×声高
・自分を出さず、精魂を打ち込み、静かに立ち去る

↓

環境知能が目指すべき方向を示唆

▼**1** 空欄①・②にあてはまる語句を本文中から抜き出せ。［3点×2］

▼**2** 本文の論展開の説明として適当なものを次から選べ。［4点］

ア 問題提起―反論―再反論
イ 主張―根拠―主張の再提示
ウ 導入―考察―主張
エ 具体例―考察―理由

［　　　］

問一 漢字 傍線部㋐〜㋔のカタカナを漢字に改めよ。［2点×5］

㋐ モドす
㋑ デンタツ
㋒ カンワ
㋓ サける
㋔ ウッタえ

問二 語句 波線部「ゆきずり」の意味を次から選べ。［3点］

ア 本来の目的のついで　イ 通りすがりの
ウ 旅立つべき場所の　エ 目的地の途中にある

問三 内容 傍線部①とあるが、「妖精・妖怪」は人間にとってどのようなものであったのか。その説明として適当なものを次から選べ。［5点］

ア 人間や周りの人が気づかないうちに、心理状態を変化させるもの。
イ 人間同士や人間と自然との関係を仲立ちし、心を豊かにさせるもの。
ウ 人間が外部と関わる際のカンショウ材となり、心を安定させるもの。
エ 人間のあらゆる営みに関わることで、積極的に人間を支えるもの。
オ 人間の不安や孤独を慰め、他人と関わる際の後ろ盾になるもの。

問四 文脈 傍線部②とあるが、筆者は「コミュニケーション」の意義を示す事例としてどのようなことをあげているか。解答欄に合う形で、本文中の語句を用いて四十字以内で説明せよ。［6点］

人からの　　　こと。

問五 内容 傍線部③が「環境知能」としてどのような役割を果たすと筆者は考えているか。本文中の語句を用いて二つ答えよ。［3点×2］

問六 主題 傍線部④とあるが、「心理療法家」のどのような姿勢が示唆的なのか。適当なものを次から選べ。［5点］

ア 自分を主張し過ぎず懸命に役目を果たし、静かに立ち去る姿勢。
イ 相手の立場に寄り添ってウッタえを聞き、気持ちをやわらげる姿勢。
ウ 相手が反応するまであきらめたりせず、ことばをかけ続ける姿勢。
エ 自分の正体を隠して、もっぱらことばのみによって治療する姿勢。
オ 病気を治すためには、患者の意思に反してでも全力を尽くす姿勢。

問七 内容 本文の内容と合致しないものを次から選べ。［5点］

ア 人間は自然との対話によって心を豊かにすることも可能である。
イ 妖精や妖怪の存在は、人間を不安にさせるためのものではない。
ウ コミュニケーションの役割は、単なるデンタツ手段だけではない。
エ 心理療法家は患者に深入りせず、全身全霊を注ぐことはしない。
オ コミュニケーションでは、自覚されないことでも大きな支えになる。

19 市場からの撤収

内田（うちだ）　樹（たつる）

1 貨幣を媒介させるのは、「その方が話が速い」からであった。だが、今は貨幣を媒介させた方が「話が遅い」という事態が出来（しゅったい）している。

2 自分の創出した労働価値を貨幣に変えて、それで他の労働者の労働価値から形成された商品を買うというプロセスでは、労働価値が賃金に変換される過程で㋐シュウダツがあり、商品を売り買いする過程で中間マージンが抜かれ、商品価格にも資本家の収益分や税金分が乗せられている。

3 それなら、①はじめから労働者同士で「はい、これ」「あ、ありがとう」で済ませた方がずっと話が速いし、無駄がない。

4 たとえば、日本人の主食である米については、すでにその相当部分は市場を経由することなく、生産者から知り合いの消費者に「直接」手渡されている。この趨勢（a すうせい）はもう止まらないだろうと私は思っている。

5 こういう活動は「表の経済」には指標（b）として出てこない。だから、米の市場での流通量がどんどん減っているという事実に「日本人は米を食べなくなったからだ」という［ A ］説明をメディアは付けているが、これはメディアが「市場を経由しない経済活動」がすでに大規模に始まりつつあることを感知していないからである。メディアがそれを見落とすのは、見たくないからである。知りたくないからである。あまりに深く市場依存的な体質になったせいで、メディアは「市場も貨幣も用いない経済活動がありうる」という可能性から組織的に目を㋑ソムけている。だから、今の日本社会でさまざまなセクターで同時多発的に起きている②「市場からの静かな撤収」についてメディアは何も報じない。

6 この趨勢に一番敏感なのは就職を控えた若者たちである。

7 感度のよい若者たちはすでに自分たちを「エンプロイヤビリティ」の高い労働力として、つまり「規格化されているので、いくらでも替えの利く」労働者として自己形成するほどに、自分たちの雇用条件が劣化するということに気づき始めた。「こういう人材が欲しい」という雇用側の条件に応じて、数百万単位の求職者が英語を勉強したり、「タフ・ネゴシエーター」たるべく努力をすればするほどに、求職倍率は跳ね上がり、雇用条件は切り下げられる。③互換性の高さと賃金の低さは相関するという当たり前の事実に若者

▶ 本文を読む前に

知・技	/16
思・判・表	/34
合計	/50

目標解答時間 20分

15 **セクター**…分野。部門。
18 **エンプロイヤビリティ**…労働市場で通用する職業能力。
21 **タフ・ネゴシエーター**…手ごわい交渉相手。
31 **ポスト・グローバリズム**…「ポスト」は以後、あとに来るもの。「グローバリズム」は地球全体を一共同体と捉える考え方・立場。

重要語句
2 出来　4 中間マージン　19 雇用条件　32 反対給付

本文の展開

1〜5【本論1】……

貨幣を媒介する市場経済
- 賃金に変換される過程でのシュウダツ
- 売買の過程での中間マージン
- 資本家の収益分や税金分の上乗せ

↓ 無駄↓「話が遅い」

今後の趨勢
例…米 ①［　　］を経由せず、直接生産者から消費者へ

↓ 無駄がない↓「話が速い」

たちはもう気づき始めている。

8 それなら、はじめから労働市場に身を投じることなく、「知り合い」のおじさんやおばさんに「どこかありませんか」と訊（たず）ねて、「じゃあ、うちにおいでよ」と言ってくれる口があれば、そこで働き始める方がよほど無駄がない。

9 あまりに雇用条件を引き下げすぎたせいで、就活が過剰にストレスフルなものになり、就活を通じて人間的成長どころか心身に病を得る者が増えたせいで、労働市場から若者たちが撤収し始めている。これは生き物としてはごく健全な反応であると私は思う。

10 「市場からの撤収」はあらゆるセクターでこれから加速してゆくだろう。

11 これからさき、ポスト・グローバリズムの社会では、「貨幣で商品を買う」というかたちでしか経済活動ができない人々と、「贈与と反対給付のネットワークの中で生きてゆく」という経済活動の「本道」を歩む人々にゆっくりと分かれてゆくことになるだろう。

12 むろん、貨幣はこのネットワークが(ウ)円滑に形成され、広がってゆくためにはきわめて効果的なアイテムであり、「本道」の人々も要るだけの貨幣はこれからもやりとりする。だが、貨幣はもう経済活動の目標ではなくなる。それは、④ネットワークに奉仕する道具という本来のポジションに戻される。

13 それが人間的成熟に(エ)シする限り貨幣は有用であり、人間的成熟を(オ)ソガイするなら有害無用のものである。

市場を経由しない経済活動は、大規模に始まりつつある。

⬅ **市場からの静かな撤収**

6～9【本論2】……メディアは目をソムけて報じない

例…就職を控えた若者たち

- 労働者として自己形成するほど雇用条件は劣化
- 互換性の高さと賃金の低さは相関
- 就活のストレスと心身の病

⬅ 知り合いから働き口を見つける
（**無駄がない。**
生き物として健全な反応）

〈　〉と同じ現象 ― **労働市場からの若者たちの撤収**

10～13【結論】……**市場からの撤収は加速される**

（ポスト・グローバリズム社会での二種類の人々）

- 貨幣で商品を買うという経済活動しかできない人々

⬌

- 贈与と反対給付のネットワークの中で生きてゆく人々
＝経済活動の「②　　」

⬅ **貨幣**は経済活動の目標ではなく、**ネットワークに奉仕する道具**に戻る。

問一 **漢字** 傍線部㋐〜㋔のカタカナを漢字に改め、漢字には読みを示せ。〔2点×5〕

㋐ **シュウダツ**

㋑ **ソム**けて

㋒ **円滑**

㋓ **シ**する

㋔ **ソガイ**

問二 **語句** 波線部a「趨勢」b「指標」の意味を次からそれぞれ選べ。〔3点×2〕

a
ア 変化の速さ
イ 方向の転換
ウ 全体の大きな流れ
エ 著しい発展

b
ア 目ざすべき目標
イ 基準となる目印
ウ 具体的な数値
エ 全体の統計

問三 **文脈** 空欄Aに入る語句を次から選べ。〔3点〕

ア 支離滅裂な　イ 大仰きわまる
ウ 高飛車な　エ お門違いな

問四 **内容** 傍線部①とあるが、筆者はこのような活動をまとめて何と表現しているか。本文中から十五字以内で抜き出せ。〔6点〕

問五 **理由** 傍線部②とあるが、メディアが報じないのは、「市場からの静かな撤収」がどのようなものだからか。次から選べ。〔4点〕

ア メディアが依存しているもの自体を否定する動きだから。
イ すでに大規模化しており、報じる必要がないものだから。
ウ 表の経済に出てこず、経済の一部分の動きでしかないから。
エ 視聴者が知りたくないと感じているものだから。
オ 市場依存的なメディアを批判する動きだから。

▼**1** 空欄①・②にあてはまる語句を本文中から抜き出せ。〔3点×2〕

▼**2** 6〜9段落の〈　〉にあてはまる段落として最も適当なものを次から選べ。〔4点〕

ア 1　2段落
イ 2　3段落
ウ 3　4段落
エ 4　5段落

問六 **内容** 傍線部③とはどういうことか。次から選べ。〔4点〕

ア 特殊な能力を持つことが賃金のアップにつながらない。
イ 労働市場に身を投じることで労働条件が良くなる。
ウ 雇用側の条件に応じることと賃金には関係がない。
エ 社会的適応力を獲得しなければ賃金は上がらない。
オ 替えの利く労働者になるほど労働条件が悪くなる。

問七 **主題** 傍線部④とあるが、貨幣は何のための道具だというのか。三十五字以内で答えよ。〔7点〕

20 沈黙 × 人生の踏絵

遠藤周作（えんどうしゅうさく）

【文章Ⅰ】は遠藤周作の小説『沈黙』の一部で、キリスト教禁止令が出ていた江戸時代の初め、司祭であったフェレイラを探しに来た司祭ロドリゴが捕らえられ、フェレイラ（沢野忠庵）に背教を迫られる場面、【文章Ⅱ】は小説『沈黙』についての作者本人による解説である。

▶ 本文を読む前に

知・技	/16
思・判・表	/34
合計	/50

目標解答時間 20分

【文章Ⅰ】

「①あの人たちは、地上の苦しみの代りに永遠の悦（よろこ）びをえるでしょう。」「②誤魔化（ごまか）してはならぬ。」フェレイラは静かに答えた。「お前は自分の弱さをそんな美しい言葉で誤魔化してはいけない。」「私の弱さ。」司祭は首をふったが自信がなかった。「そうじゃない。私はあの人たちの救いを信じていたからだ。」「お前は彼等（かれら）より自分が大事なのだろう。少なくとも自分の救いが大切なのだろう。お前が転ぶと言えばあの人たちは穴から引き揚げられる。苦しみから救われる。それなのにお前は転ぼうとはせぬ。お前は彼等のために教会を裏切ることが怖ろしいからだ。このわしのように教会の汚点となるのが怖ろしいからだ。」そこまで怒ったように一気に言ったフェレイラの声が次第に弱くなって、「わしだってそうだった。あの真暗（まっくら）な冷たい夜、わしだって今のお前と同じだった。だが、それが愛の行為か。司祭は基督（キリスト）にならって生きよと言う。もし基督がここにいられたら。」

　フェレイラは一瞬、沈黙を守ったが、すぐはっきりと力強く言った。「たしかに基督は、彼等のために、転んだだろう。」夜が少しずつあけはじめてきた。今まで闇の㋐塊だったこの囲いにもほの白い光がかすかに差しはじめた。「基督は、人々のために、たしかに転んだだろう。」「そんなことはない。」司祭は手で顔を㋑覆って指の間からひきしぼるような声を出した。「そんなことはない。」「基督は転んだだろう。愛のために。自分のすべてを㋒ギセイにしても。」「これ以上、わたしを苦しめないでくれ。去ってくれ。遠くに行ってくれ。」司祭は大声で泣いていた。閂（かんぬき）が鈍い音をたててはずれ、戸が開く。そして開いた戸から白い朝の光が流れこんだ。「さあ。」フェレイラはやさしく司祭の肩に手をかけて言った。「今まで誰もしなかった③一番辛い愛の行為をするのだ。」

　よろめきながら司祭は足を曳（ひ）きずった。重い鉛の足枷（あしかせ）をつけられたように一歩一歩、歩いていく彼をフェレイラがうしろから押す。朝方のうすあかりの中に彼の進む廊下はどこまでも真直（まっすぐ）にのびていた。そしてその突きあたりに二人の役人と通辞とが黒い三つの人形のように立っていた。

「沢野殿。終ったかな。そうか。踏絵（ふみえ）の支度をしてよいか。なに、御奉行にはあとで申しあげればよい。」通辞はだきすくめるように両腕にかかえていた箱を床において蓋をとり、中から大きな木の板をとりだした。

「お前は今まで誰もしなかった最も大きな愛の行為をやるのだから……。」ふたたびフェレイラは先程と同じ言葉を司祭の耳もとに甘く囁（ささや）いた。「教会の聖職者たちはお前を裁くだろう。わしを裁いたようにお前は彼等から追われるだろう。だが教会よりも、布教よりも、もっと大きなものがある。お前が今やろうとするのは……。」

踏絵は今、彼の足もとにあった。小波のように木目が走っているうすよごれた灰色の木の板に粗末な銅のメダイユがはめこんであった。それは細い腕をひろげ、茨（いばら）の冠をかぶった基督のみにくい顔だった。黄色く混濁した眼で、司祭はこの国に来てから始めて接するあの人の顔をだまって見おろした。

【文章Ⅱ】

主人公ロドリゴは、山中を逃げ隠れしたり、追っ手に追われたりして放浪した挙句（あげく）、とうとう宿願のフェレイラと対面します。むろんフェレイラはすでに転んでしまっていますが、ロドリゴに向かって、日本にはキリスト教は決して(a)根を下ろさない――根を下ろさないというより、日本の土ではキリスト教という根は腐りはじめるんだ、と言う場面があります。これは二人の間で論争になるのですが、ここも『沈黙』の主題の一つです。

二人の議論は(b)平行線のままです。ロドリゴは転ぶことをきっぱり拒否します。それは苛烈（かれつ）な拷問と(エ)ザンコクな死を意味します。そして、ロドリゴが牢屋（ろうや）の中でひとり眠れずにいると、いびきが聞こえるのです。高く低く聞こえてくる音を牢屋の番人のいびきだと思った。自分が閉じ込められて死の恐怖に脅（おび）えてる時、愚かな番人が安楽ないびきをかいて眠っているというのはユーモアがあると思って、ロドリゴは一人で笑い出すわけです。しかしそれはいびきではなく、三人の隠れキリシタンの百姓が穴吊（あなつ）りにされて呻（うめ）いている声だと知らされます。

そしてロドリゴは、フェレイラから「もしお前が踏絵を踏めば、彼らは穴から引き揚げられ、手当ても受けられる」という二者選択の状況に追い込まれていく。さらに、「ここにキリストがおられたら、確かに彼らのために踏んだだろう」という言葉を投げかけられます。もちろん、フェレイラは自分が(オ)スデに転向者であり、背教徒になっていますから、その仲間へ一人でも引きずり込みたいという気持ちがある。純粋な善意からではなく、妬（ねた）みや憎しみ、孤独や嫉妬の気持ちからロドリゴを説得してくる。

【文章Ⅰ】 2 **司祭**…神父のこと。司教とも。 3 **転ぶ**…ここでは、転向すること。 12 **閂**…門や戸を閉めるための横木。 14 **足枷**…脚の自由を束縛される刑具。ここでは比喩。 15 **通辞**…通訳のこと。 17 **踏絵**…キリシタンでないと証明するために踏む、キリスト、マリアの絵像。 17 **御奉行**…諸藩の上中級の役職、役人。

【文章Ⅱ】 8 **隠れキリシタン**…弾圧後もひそかに信仰を続けたキリスト教徒のこと。 8 **穴吊り**…体中を縛り、穴の中に逆さに吊るす拷問。

重要語句

【文章Ⅰ】 20 聖職者

【文章Ⅱ】 1 宿願 5 苛烈 11 転向者 11 背教徒

問一 漢字 傍線部㋐〜㋔のカタカナを漢字に改め、漢字には読みを示せ。［2点×5］

㋐　㋑　㋒　㋓　㋔

問二 語句 波線部a「根を下ろさない」b「平行線」の意味を次からそれぞれ選べ。［3点×2］

a　ア 侵略しない　イ 歓迎しない　ウ 改善しない　エ 定着しない

b　ア 不安を抱き緊張した状態　イ 優劣を争う状態　ウ 妥協点が見出せない状態　エ 譲歩した状態

問三 指示 傍線部①とは誰か。【文章Ⅱ】から十三字で抜き出せ。［7点］

問四 文脈 傍線部②とあるが、フェレイラは、どういう点で誤魔化しだと言いたいのか。次から選べ。［8点］

ア 拷問は苦痛に満ちているはずなのに、ロドリゴが永遠の救いという美しい表現によってその苦しさがないかのように繕っている点。

イ ロドリゴは、自分が救われたいがために背教を拒んでいるにもかかわらず、「あの人たち」の救いを信じているためだと言う点。

ウ ロドリゴはただ死の恐怖に脅えるがために背教を拒んだにもかかわらず、それにさも宗教的な意義があるかのように言う点。

エ 現世で苦しんだ分だけ来世では幸せになれるという偽りの教義で、ロドリゴがフェレイラを説得しようとした点。

オ ロドリゴは自分の弱さをはっきり自覚しているが、それを隠して強くきっぱりとした態度をとり続けている点。

問五 内容 傍線部③とは具体的にどのような行為か。「…によって〜すること。」という文になるよう、二十字以内で答えよ。［10点］

問六 主題 AさんとBさんが【文章Ⅰ】【文章Ⅱ】を読んで話し合った次の会話の空欄に入る発言として、適当でないものを後から選べ。［9点］

A：私は【文章Ⅰ】だけを読んだとき、自分を犠牲にして人のために転んだのだから、フェレイラは誠実さと愛を備えた人だと思ったよ。そういう信念からロドリゴにも背教を勧めたのだと思ったよ。

B：でも【文章Ⅱ】では、「純粋な善意」ではないと言っているね。

A：そう。【文章Ⅱ】を読んで、読み方が変わったよ。そうした視点で見ると、＿＿＿＿。

ア フェレイラの狡猾（こうかつ）さがわかるね。けれど、フェレイラの言葉をロドリゴは真に受けてしまったようで、大声で泣く場面は傷ましいね。

イ 転ぶことを拒否したロドリゴをフェレイラが賞賛せずに批判したのは、ロドリゴへの「嫉妬の気持ち」があったからだとわかるね。

ウ フェレイラが怒ったり優しい調子になったりするのは、ロドリゴを感情的に揺さぶって説得しようとした演技だったように見えるね。

エ フェレイラがロドリゴを執拗（しつよう）に責めるのは、ロドリゴに対する「憎しみ」から拷問にかけ、死の淵へ追いやろうとした結果だと読み取れるね。

オ 「今のお前と同じだった」とフェレイラがロドリゴとの共通性を繰り返し述べたことからは、彼の「孤独」が見えてくるね。

21 科学と非科学の境

酒井邦嘉（さかいくによし）

本文を読む前に

1 ㋐テツガク者のK・R・ポパーは、科学と非科学を分けるために、次のような方法を提案した。反証が可能な理論は科学的であり、反証が不可能な説は非科学的だと考える。検証ができるかどうかは問わない。

2 そもそも、ある理論を裏づける事実があったとしても、たまたまそのような都合のよい事例があっただけかもしれないので、その理論を「証明」したことにはならない。しかも、ある法則が成り立つ条件を調べるといっても、すべての条件をテストすることは難しい。むしろ、科学の進歩によって間違っていると修正を受け得るもののほうが、はるかに「科学的」であると言える。一方、非科学的な説は、検証も反証もできないので、それを受け入れるためには、無条件に信じるしかない。科学と非科学の境を決めるこの基準は、「反証可能性」と呼ばれている。反証できるかどうかが科学的な根拠となるというのは、①逆説めいていておもしろい。

3 [A]、「すべてのカラスは黒い」という説は、一羽でも白いカラスを見つければ反証されるので、科学的である。しかし、「お化け」が存在することは検証も反証もできないので、その存在を信じることは非科学的である。[B]、「お化けなど存在しない」と主張することは、どこかでお化けが見つかれば反証されるので、より科学的だということになる。[C]、「分子など存在しない」という説は、一つの分子を計測装置でとらえることですでに反証されており、分子が存在することは科学的な事実である。

4 「科学的仮説」に対しては、②それが正しいかどうかをまず疑ってみることが、科学的な思考の第一歩である。仮説を a鵜呑み（うの）にしたのでは、科学は始まらない。寺田寅彦（てらだとらひこ）は、「物理学は他の科学と同様に知の学であって同時に又（また）疑の学である。疑うが故に知り、知るが故に疑う。疑は知の基（もと）である。能（よ）く疑う者は能く知る人である」と述べている。さらに「恐るべきは㋑ケンイでなくて無批判な群衆の b雷同心理でなければならない」とも言う。

5 自分の意見を「われ思う、ゆえに真なり」のように見なすようになったら、もはや科学者としては終わりである。科学にとって実証性こそが命であり、これを失うことは科学を放棄するのに等しい。危険なのは、一般の人々に向けて自分の考えを述べているうちに、仮説と意見の境についての感覚が麻痺（まひ）してしまうことである。そのため、科学者が書いたエッセーの中にもずいぶん無責任な意見があるのだ。

6 一般向けの科学についての本を手に取ったら、どの程度科学的な良心に従って書かれているかを見抜く

本文の展開

1～3【科学と非科学の境】
・反証可能な理論…科学的
・反証不可能な説…非科学的
基準…「①[　　]」
↓
Ⅰ 反証できるかどうかが科学的な根拠
Ⅱ 「お化けが存在する」…検証も反証もできない　非科学的
「お化けなど存在しない」…お化けが見つかれば反証される　より科学的

4～6【科学とは疑うこと】……
「科学的仮説」
○まず疑ってみること
×鵜呑み・無批判な群衆の雷同心理
↓
仮説と意見を見分けるべく、②[　　]に考えるという思考の積み重ね　→科学がわかる

重要語句
1 反証
8 逆説
22 麻痺

知・技	/16
思・判・表	/34
合計	/50

目標解答時間 15分

ガンリキが必要である。科学的なゲンミツさに対する感覚は、どのような証拠があるのか、どうして別の説ではいけないのか、と仮説と意見を見分けるべく批判的に考えることによってのみミガかれる。科学がわかるには、そのような思考の積み重ねが大切なのだ。

問一 漢字　傍線部㋐〜㋔のカタカナを漢字に改めよ。［2点×5］

㋐ テツガク
㋑ ケンイ
㋒ ガンリキ
㋓ ゲンミツ
㋔ ミガかれる

問二 語句　波線部a「鵜呑み」b「雷同」の意味を次からそれぞれ選べ。［3点×2］

a
ア 多くのものを受け入れる
イ 何度でも受け入れる
ウ そのまま受け入れる
エ 制限して受け入れる

b
ア 言いふらす　イ 同調する
ウ 毅然とする　エ 思いやる

問三 文脈　空欄A〜Cに入る語句の組み合わせを次から選べ。［5点］

ア A 一方　B 逆に　C しかし
イ A 一方　B しかし　C たとえば
ウ A 逆に　B しかし　C たとえば
エ A たとえば　B 一方　C 逆に
オ A たとえば　B 逆に　C 一方

問四 理由　傍線部①とあるが、「逆説めいてい」ると述べる理由を、解答欄に合う形で十五字程度で説明せよ。［7点］

一般的に、科学は［　　　　　　　　　　　　　　　］と考えられているから。

問五 内容　傍線部②の内容を具体的に述べている箇所を、これよりあとから五十字以上五十五字以内で抜き出し、初めと終わりの五字で答えよ。［6点］

［　　　　　］〜［　　　　　］

問六 主題　本文の内容に合致しないものを次から選べ。［6点］

ア 反証とは、ある法則の反対の説が正しいことを証明することである。
イ 科学にも誤りはあり、その誤りが科学の進歩により修正されることも科学の特性である。
ウ 科学がわかるには、まず疑ってみるという批判的な思考の積み重ねが大切である。
エ 仮説と意見の境についての感覚が麻痺しては、科学者としては失格である。
オ ある理論を反証することが可能であれば、その理論は科学的であると言える。

▼1 空欄①・②にあてはまる語句を本文中から抜き出せ。［3点×2］
▼2 Ⅰに対するⅡの位置づけを説明したものとして適当なものを次から選べ。［4点］
ア 問題提起
イ 逆説
ウ 具体例
エ 結論

22 「私」中心の視点

森田良行（もりたよしゆき）

▶ 本文を読む前に

知・技	思・判・表	合計
/14	/36	/50

目標解答時間 15分

重要語句

6 領域　12 取り込み中　12 最中　13 混入　16 内輪話　16 内輪揉め

1 以前、大学院の外国人留学生として学んでいた中国人日本語教師の話であるが、彼女が来日間もないころ、駅のプラットホームで電車を待っていたところ、「黄色い線の内側でお待ちください。」という構内アナウンスが聞こえてきた。［A］彼女は、日本ではなぜ黄色い線の中側、危険な線路側で待たねばならぬのだろうかと、㋐イッシュンびっくりしたという。中国語の感覚では、どうやら「内側」とは黄色い線の線路側を考えるらしい。では、日本語ではどうだろうか。明らかに「内側」は今、自分の立っているプラットホームの中心側である。黄色い線を境として、その境界線を越えない領域ということになる。［B］、当人の視点に立てば〝自分の位置する側の領域〟である。

2 「内」が自分側の視点でとらえる境界域までの範囲を表すところから、状況変化といった時間的境界や、限られたある時間帯をさす場合も、「a忙しいうちが花だ。」や「今のうちに㋑センタクを済ませておこう。」のように、当人にとって、その状態の終わるまでが「内」ということになる。そして、もしこれを「中」で言い換えるとしたら、どうなるだろうか。「忙しい中をわざわざありがとうございます。」と〝その状況において〟〝最中〟の意味に変わってしまう。①「取り込み中」「仕事中」などの「中」もこれとまったく同じだ。「なか」は〝ある範囲の間に挟まれた部分〟であるから、場所なら存在や混入の場所を、時の話なら「仕事に追われている中で仕上げた作品」と、そのことの生じた時間的な場面を表しているわけである。

3 このように見てくると、②「内」と「中」が明らかに異なっていることがわかるだろう。「内」はあくまで〝自分側のこと〟〝自分側のほう〟といった意味合いを㋒フクむから、「b内弁慶」「内輪話」「㋓内輪揉め」など、その当人の家の内部、あるいは仲間内でのことをさすと同時に、「内輪に見積もる」など〝自己側のこととして低く㋔サテイする〟つまり控えめに計算する意味にもなっていく。③これは謙譲表現に通ずる発想である。

本文の展開

1 内側＝日本語では自分の位置する側の領域

2 内＝［①　　］の視点でとらえる境界域までの範囲を表す
- 状況変化（時間的境界）
- 限られたある時間帯

　} をさす場合 ← その状態が終わるまで

≠

中＝その状況において・最中
- 場所…存在や混入の場所
- 時…それが生じた時間的な場面

　} を表す

3
- 内 と 中 は明らかに異なる
- 内＝自分側のこと・自分側のほう

←

問一 **漢字** 傍線部㋐〜㋔のカタカナを漢字に改め、漢字には読みを示せ。［2点×5］

㋐ **イッシュン**

㋑ **センタク**

㋒ **フク**む

㋓ **内輪揉**め

㋔ **サテイ**

問二 **語句** 波線部a「忙しいうちが花」b「内弁慶」の意味を次からそれぞれ選べ。［2点×2］

a
ア 忙しい間がよい
イ 盛りは短い
ウ 忙しい姿が美しい
エ 見た目を忙しくする

b
ア どんなに強い者でも弱点がある
イ 家ではいばるくせに外では弱い
ウ 仲間から信頼される
エ 国内では無敵の強さ

問三 **文脈** 空欄A・Bに入る語句を次からそれぞれ選べ。［2点×2］

ア むしろ　**イ** もはや
ウ だから　**エ** そこで

A　B

問四 **内容** 傍線部①とあるが、「存在」と「混入」の例として適当なものを次からそれぞれ選べ。［3点×2］

ア 答案の中には白紙もある。
イ 右手の中の指に指輪をする。
ウ 雨の中でも試合を強行する。
エ 井の中の蛙（かわず）大海を知らず。

存在　混入

問五 **内容** 傍線部②とあるが、筆者は「内」と「中」をどのように考えているか。本文中からそれぞれ十二字以上二十字以内で抜き出し、初めと終わりの三字で答えよ。［3点×2］

内 〜
中 〜

問六 **理由** 傍線部③のように言えるのはなぜか。理由を三十字以内で述べよ。［6点］

問七 **主題** 本文の内容に合致するものを次から選べ。［4点］

ア 日本語は「内」と「中」をどのような場面でも意識的に使い分けている。
イ 中国語は「内」と「中」の意味の区別がなく、使い分けも曖昧である。
ウ 日本語は時間的な境界を示す場面で「中」という表現を用いる傾向にある。
エ 日本語は自分が位置している側を「内」としてとらえる傾向にある。
オ 中国語は危険と考えられている側を「内」としてとらえる傾向にある。

自己側のこととして低くサテイ
＝ ② に通ずる発想

▼**1** 空欄①・②にあてはまる語句を本文中から抜き出せ。［3点×2］

▼**2** 本文の論展開の説明として適当なものを次から選べ。［4点］

ア 話題の提示―考察―結論
イ 主張―理由の提示―補論
ウ 具体例の分析―考察―結論
エ 問題提起―主張―補論

23

場の言語

河合隼雄（かわいはやお）

1 「場」を中心に考えると、個人の発想からすれば「ウソ」になることを言わねばならぬときがある。日本では、ある程度の「ウソ」は(ア)キョヨウされている。「ウソも方便」という仏教の言葉もある。これに対して、①欧米では「ウソ」は明白に悪とされる。人前で「ウソつき」と言われたときは(イ)ワンリョクに訴えてもそれに対抗しなくてはならない。これは最大の(ウ)ブジョクである。そんなことを知らぬ日本人が、「ウソー」という感じで、英語で「liar」と言って[a]物議を醸したことがある。

2 ②場を保つために、日本では「ウソ」がある。これに対して、西洋ではジョークがあるのではなかろうか。ここで大切なことは、日本では、場のほうから発想し、次に個人に及んでくるが、西洋では、まず個人があり、その次に個人と個人の関係を(エ)エンカツにする（日本的に言えば、場を保つ）ことが考えられるので、そのあり方が異なってくることである。日本人であれば、その場を保つためには、あることないことを適当に話をしても、その言葉に個人としての責任はない（と言っても程度があって、あまりに「場当たり」のことを言うのはよくないと考えられる）。これに対して、欧米人の場合は、どんな場合にでも発言したことについてはその人の責任が伴うので、日本人的「ウソ」は言えない。と言って、すべての人が「ホント」のことばかり話をすると、ギクシャクしてきてたまらない。そこで、ジョークを言うことが必要になる。ジョーク抜きでは対人関係がうまくいかないのである。

3 相手から何かが要求されるが、それは(オ)トウテイできそうにない。そのとき日本的であれば、相手の気持ちをくんで、「難しいことですが、何とか考えてみましょう。」と言う。しかし、これは西洋から見れば「ウソ」である。西洋人の場合は、「ノー」と言うわけだが、このときに場を和らげようとすると、ジョークが用いられる。そのジョークの中に、相手の気持ちや、自分はどうしてもやりたいとは思うけれどできない、などという気持ちがうまく入れ込まれていると、この人は③「社交性」があるということで評価される。

4 「社交的」という言葉は、日本ではむしろ否定的な感じを与える。しかし、欧米では、それはむしろ当然のことである。あちらでは、子供のときから「社交的」であるためのエチケットや振る舞いについて訓練される。日本人は「ノーと言えない」などと言われるので、それを意識して、欧米人とつき合うときは、「ノー」と言うべきだと張り切る人がある。残念ながら、そんなときに社交性を身につけないままで「ノー」と言うので、大変粗野に見えたり、無礼に感じられたりする。それぞれの文化は、長い歴史の中で、全体

本文を読む前に

重要語句

2 方便
5 liar
10 場当たり
24 粗野

知・技	/16
思・判・表	/34
合計	/50

目標解答時間 15分

本文の展開

1【日本と欧米の「ウソ」に対する見方】
〈日本〉「場」を中心に考えると、ある程度の「ウソ」はキョヨウされる
〈欧米〉「ウソ」は明白に［①　　］（キョヨウされない）

2【場を保つための手段】……
〈日本〉○「ウソ」（個人の責任はない）
〈欧米〉×「ウソ」（個人の責任が伴う）
○ジョーク

3【具体例】……
できそうにない要求に…
〈日本人〉「何とか考えてみましょう」
〈西洋人〉「ノー」とともに、［②　　］を和らげるジョーク

4【「社交的」であること】……
〈日本〉否定的な感じ

的にその生き方を洗練してきているので、他の文化とつき合うのは、ほんとうに難しいことである。

問一 漢字 傍線部㋐〜㋔のカタカナを漢字に改めよ。〔2点×5〕

㋐ キョヨウ
㋑ ワンリョク
㋒ ブジョク
㋓ エンカツ
㋔ トウテイ

問二 語句 波線部a「物議を醸した」b「洗練して」の意味を次からそれぞれ選べ。〔3点×2〕

a
ア 人気が出た
イ 問題となった
ウ 軽蔑された
エ 問い詰められた

b
ア 磨き上げて
イ 鍛えて
ウ 固定して
エ 確立して

問三 文脈 「ウソ」と「ジョーク」に共通する目的を③段落の語句を用いて十字以内で答えよ。〔5点〕

問四 理由 傍線部①の理由を次から選べ。〔6点〕

ア 善悪の観念が神によって支配されているから。
イ ウソが場の雰囲気をうまく保つとは限らないから。
ウ 場の雰囲気よりも個人の責任が優先されるから。
エ ウソをワンリョクに訴えて排除しがちだから。
オ 「ウソつき」と呼ばれることはブジョクだから。

問五 主題 傍線部②について説明した次の文の空欄A・Bに入る語句を、Aは六字、Bは八字でそれぞれ抜き出せ。（句読点や記号は一字に含める）〔3点×2〕

A に配慮して場を保つために、はっきりと「ノー」と言えない日本人はウソを、発言に B が伴うのでウソを言えない欧米人はジョークを用いる。

A

B

問六 内容 傍線部③とはどういうことか。三十字以内で説明せよ。〔7点〕

〈欧米〉当然のこと ◯

↓

歴史の中で洗練されてきた生き方の違いに由来

↓

他の文化とつき合うのは、ほんとうに難しい

▼1 空欄①・②にあてはまる語句を本文中から抜き出せ。〔3点×2〕

▼2 ◯にあてはまる記号を次から選べ。〔4点〕

ア ⬅（因果関係）
イ ⬌（対比関係）
ウ ＝（同義関係）

24 雪後

梶井基次郎（かじいもとじろう）

1 月がいいのである晩行一は戸外を歩いた。地形がいい具合に傾斜を作っている原っぱで、スキーショウゾク（ア）をした男が二人、月光を浴びながらかわるがわる滑走しては跳躍した。

昼間、子供たちが板を尻に当てて棒で楫（かじ）を取りながら、行列して滑るありさまを信子が話していたが、その切り通し坂はその傾斜の地続きになっていた。そこは滑石（なめいし）を塗ったように①気味悪く光っていた。

バサバサとコオ（イ）った雪を踏んで、月光の中を、彼は美しい想念にひたりながら歩いた。その晩行一は細君にロシアの短編作家の書いた話をしてやった。――

「乗せてあげよう。」少年が少女を橇（そり）に誘う。二人は汗を出して長い傾斜をひいて上がった。そこから滑り降りるのだ。――橇は段々速力を増す。首巻がハタハタはためきはじめる。風がビュビュと耳を過ぎる。

「ぼくはお前を愛している。」ふと少女はそんなささやきを風の中に聞いた。胸がドキドキした。しかし速力がユル（ウ）み、風のうなりが消え、なだらかに橇が止まるころには、②それが空耳だったという疑惑が立ちこめる。

「どうだったい。」晴ればれとした少年の顔からは、少女はいずれとも決めかねた。

「もう一度。」少女は確かめたいばかりに、また汗を流して傾斜をのぼる。――首巻がはためきだした。ビュビュ、風がうなって過ぎた。胸がドキドキする。

「ぼくはおまえを愛している。」少女はため息をついた。

「どうだったい。」「もう一度！　もう一度よ。」と少女は悲しい声を出した。今度こそ。今度こそ。しかし何度試みても同じことだった。泣きそうになって少女は別れた。そして永遠に。

――二人は離ればなれの町に住むようになり、離ればなれにケッコン（エ）した。――年老いても二人はその日の雪滑りを忘れなかった。――

それは行一が文学をやっている友人から聞いた話だった。

③「まあいいわね。」「間違ってるかもしれないぜ。」

2 大変なことが起こった。ある日信子は例の切り通しの坂で転倒した。④心弱さから彼女はそれを夫に秘していた。産婆のシンサツ（オ）日に彼女は震えた。しかし胎児には異状はなかったらしかった。その後で信子は夫に事のありようを話した。⑤行一はまだ妻の知らなかったような怒り方をした。

本文の展開

1 【月夜の散歩と恋の話】……

〈行一〉月夜に戸外を歩く
- 原っぱでスキーをする男たち
- 切り通し坂
  - 昼間…子供たちが橇遊び
  - 月夜…気味悪く光る
- 美しい想念

↓その晩

〈行一〉妻の信子にロシアの短編作家の書いた話をする

橇の風音に紛らせた
↓　少年の愛の告白
確信が持てない少女
↓別離
忘れられない思い出

2 【大変なことが起こる】……

〈信子〉切り通し坂で［①　　］
↓
夫に秘密にする
↓
産婆の診察（胎児に異状はない）
↓

重要語句

4 切り通し坂

4 滑石

▶ 本文を読む前に

知・技　/13

思・判・表　/37

合計　/50

目標解答時間　15分

「どんなに叱られてもいいわ。」と言って信子は泣いた。

問一 **漢字** 傍線部㋐〜㋔のカタカナを漢字に改めよ。〔2点×5〕

㋐ **ショウゾク**
㋑ **コオ**った
㋒ **ユル**み
㋓ **ケッコン**
㋔ **シンサツ**

問二 **語句** 波線部「細君」の意味を次から選べ。〔3点〕

ア 子供　**イ** 妹
ウ 妻　**エ** 身内

問三 **文脈** 傍線部①はどういうことを暗示していたと考えられるか。二十字以内で説明せよ。〔6点〕

問四 **理由** 傍線部②とあるが、「疑惑」を強める要因となっているのはどのようなことか。次の文の空欄に合う形で本文中の語句を用いて八字以内で説明せよ。〔5点〕

少年が□をしていること。

問五 **文脈** 傍線部③とあるが、信子が「いい」と思ったのはどういう点だと考えられるか。適当なものを次から選べ。〔5点〕

ア 少年と少女の恋が結局は実を結ばなかった点。
イ 老年の二人が昔の恋心をひそかに抱き続けた点。
ウ 恋は成就しなくてもそれぞれが幸福になった点。
エ 実らずとも忘れられない淡く切ない恋だった点。
オ 少年が少女に対する恋心をはっきり伝えなかった点。

問六 **理由** 傍線部④の信子の心情の説明として適当なものを次から選べ。〔6点〕

ア 転倒したせいで胎児に影響が出るのではないかと心配し、口にするのも恐れる気持ち。
イ 身重でありながら無断で一人で外出したことを、行一に責められたくないという気持ち。
ウ 転倒したことが元で子供を失えば離縁されるのではないかと不安に思う気持ち。
エ 自分の犯した不注意を何としても行一に隠し通したいという保身的な気持ち。
オ 転倒により行一の気持ちを子供に向けさせるのは申し訳ないという気持ち。

問七 **理由** 傍線部⑤の理由として適当なものを次から選べ。〔5点〕

ア 信子の隠し事を見抜けなかった自分が許せなかったから。
イ 信子が自分の過失を少しも反省していなかったから。
ウ 信子が自分に大事なことを打ち明けてくれなかったから。
エ 信子には生まれてくる子を育てる能力が欠けていると思ったから。
オ 信子の大胆な性格が子供の成長にも影響すると思ったから。

夫へ告白
↑
〈行一〉まだ妻の知らなかったような ②□方

▼**1** 空欄①・②にあてはまる語句を本文中から抜き出せ。〔3点×2〕

▼**2** 坂に結びつけられた二つのエピソードに共通して描かれているものを次から選べ。〔4点〕

ア 隠された秘密
イ 女に対する男の愛情
ウ 切り通し坂の逸話
エ 男に対する女の恐怖

25 論語

小林(こばやし)秀雄(ひでお)

孔子(こうし)の道は直覚されているので、定義されてはいない。①仁という彼の道の根本の観念にしてみても、その明らかな意味は、論語のどこにも語られてはいないのであって、仁を問う弟子たちの質問に応じて各種各様に語られている。あまり問い詰められると、「仁ハ則(スナハ)チ吾(ワレ)知ラザルナリ」とさえ言っている。これを体験した者には簡単明瞭なあるものであるが、ただ、言葉によってその意味を知ろうとするものには、言えば言うほどわかりにくい、㋐ゴカイされやすいものとなるのを、孔子は明らかに知っていたさまが、よくうかがえるのである。「巧言令色ハ仁ニ鮮(スクナ)シ」という同じ言葉が論語の中に二度も出てくるし、「a剛毅(ゴウキ)木訥(ボクトツ)ハ仁ニ近シ」とも言われているが、仁そのものを、直接に言う言葉はないのである。だが、孔子が人々にわかってもらいたいと切に願ったのは、この言う言葉のない根本の体験なのであって、仁のb区々たる応用や規定なぞ実はどうでもよい。根本を知らず、枝葉を論ずれば巧言となり、根本を言おうとすれば言葉に㋑キュウする。孔子は何も言いたくなくなる。そのこともはっきり書いてある。②自分は、もう何も言いたくない、と孔子がある日言うのを弟子の子貢(しこう)が聞き、③夫子が何も言われぬのなら、④小子どもはどうしたらよいか、と㋒タズねると、孔子、「天何ヲカ言ハンヤ」と繰り返し、沈黙した。一方、彼は、この仁という道徳の根本を、何も特別なもの、聖人の特権とは少しも考えてはいなかったので、誰にでもおのずから備わったものであり、ただ人々がこれに気づき、これを求めないだけのものであることを固く信じていた。善とは何かを考えるより、善を得ることが大事なのである。善を求める心は、各人にあり、自ら省みて、この心の傾向をかすかにでも感じたなら、それは心のうちに厳存することを㋓ソッチョクに容認すべきであり、⑤この傾向を積極的に育てるべきである。だから、孔子は「仁ヲナスハ己ニ由(ヨ)ル。人ニ由(ヨ)ランヤ」と言い、「仁ヲ求メテ仁ヲ得ル」ことを、「仁ヲ欲シテ仁ヲ得ル」ことを強調する。やろうと思えば、誰にでもできることなのだ。「能(ヨ)ク一日タリトモ其(ソ)ノ力ヲ仁ニ用フル者有ランカ、我、未(イマ)ダ力ノ足ラザル者ヲ見ズ」。だが、多数のうちには、力の足らぬものもあるかもしれぬ。だが自分は「未ダコレヲ見ズ」と言う。仁とは、善を求める意志そのものなのであり、得て安心するというものではない。「仁以(モッ)テ己ガ任トナス。亦(マタ)重カラズヤ。死シテ後已(ヤ)ム。亦遠カラズヤ」と言う。⑥こういう人物を、つとめて思い描いて、㋔ボウトウの何でもな

▶ 本文を読む前に

重要語句

6 巧言令色

6 剛毅

知・技	/16
思・判・表	/34
合計	/50

目標解答時間 15分

本文の展開

【孔子の道】……… ○直覚される　×定義される

【孔子の考える「仁」】………

●仁＝孔子の道の根本観念

・体験した者には簡単明瞭

・言葉によって知ろうとするものには、言えば言うほどわかりにくい、誤解されやすいもの

・誰にでも ①［　　］ 備わった道徳の根本

←

善を求める心は各人にあり、これを積極的に育てるべき

やろうと思えば、誰にでもできる

【任としての「仁」】………

仁とは

・②［　　］を求める意志そのもの

い言葉を読んでみるとよい。「学ビテ時ニ之ヲ習フ、亦説バシカラズヤ」、決して何でもない言葉とは思えなくなってくるであろう。

問一 漢字 傍線部㋐〜㋔のカタカナを漢字に改めよ。［2点×5］

㋐ **ゴカイ**

㋑ **キュウ**する

㋒ **タズ**ねる

㋓ **ソッチョク**

㋔ **ボウトウ**

問二 語句 波線部a「木訥」b「区々たる」の意味を次からそれぞれ選べ。［3点×2］

a **ア** まじめで頑固なこと **イ** 恥知らずなこと
ウ 不器用なこと **エ** 実直で素朴なこと

b **ア** けじめがある **イ** 取るに足らない
ウ 大まかである **エ** 明確に異なる

a　b

問三 内容 傍線部①の内容を端的に表現した語句を、本文中から十一字で抜き出せ。［5点］

問四 理由 傍線部②のように孔子が言った理由として適当なものを次から選べ。［4点］

ア 説明しても弟子たちに理解する力がないから。

イ 言葉で説明できない根本の直観的体験だから。

ウ 修養を積んだ聖人にのみ体得される体験だから。

エ 教えてしまうと自分で考えようとしなくなるから。

オ 自分も知らないことを弟子に悟られたくないから。

問五 内容 傍線部③・④は、それぞれ誰のことか。本文中から抜き出せ。［3点×2］

③　④

・得たら終わりではない
↓
生涯をかけて追求（「己ガ任トナス」）

▼**1** 空欄①・②にあてはまる語句を本文中から抜き出せ。［3点×2］

▼**2** ◯にあてはまる記号を次から選べ。［4点］

ア ⬅（因果関係）
イ ＝（同義関係）
ウ ⬌（対比関係）

問六 指示 傍線部⑤とはどのような「傾向」か。解答欄に合う形で本文中から六字で抜き出せ。［4点］

の傾向。

問七 主題 傍線部⑥とはどのような「人物」か。適当なものを次から選べ。［5点］

ア 仁は誰にでも自然に備わったものだから、それに気づきさえすれば十分だと考える人物。

イ 仁は生涯をかけて求めて実践するべき課題であり、それが自分の任務だと考える人物。

ウ 仁は近づくことのできない難しい観念だから、人格を磨かねばならないと考える人物。

エ 仁は誰にでも備わったものだから、求める心さえ持っていれば難しくないと考える人物。

オ 仁は自分にしか体得されていないから、弟子を増やして世界に広めようと考える人物。

26 心の探求

長谷川眞理子(はせがわまりこ)

本文を読む前に

知・技	思・判・表	合計
/13	/37	/50

目標解答時間 15分

1 科学的探究において、「からだ」と「心」を峻別(しゅんべつ)したのは、近代科学の祖の一人である、ルネ・デカルトだった。デカルトは、近代科学の自然観である機械論的自然観の提唱者である。機械論とは、自然界は巨大な機械のようなものであるととらえる自然観である。すべての機械には動く仕組みがあり、仕組みがわかれば対象が理解できる。同じように、自然現象も機械のようなものであり、それらが起きる仕組みがあり、①それが理解できれば［A］は理解できると考える。仕組みを理解するには、構造や機能を精密に調べていけばよいのであり、そこに、「心」やら「意図、意志」などを持ち込む必要はない。いや、持ち込むのは誤りである。これが機械論の骨子である。

2 なぜ機械論的自然観が出てきたかといえば、それ以前の有機的自然観による自然の探求が混乱をはらんでいたからである。近代科学の成立以前は、古代、中世からルネサンスにかけての時代である。近代科学成立前夜では、自然界の探求は、(ア)レンキン術やオカルティズムの中で行われており、自然界を巨大な［B］体ととらえる見方が主流であった。生命が生まれて、育って、欲して、考えて、つまりは生きて、そして死ぬ、という一連のプロセスこそがすべての自然現象の成り立ちの根源であると考えていた。物体はその本来の所属するべきところが地上であり、②そこに帰りたいと欲するから落下するのだとか、(イ)ケッショウは(ウ)タイジが母体内で育つように地層の中で育つとか、生命に(エ)フズイすると思われる「心」や「意志」をさまざまな非生物的現象にも当てはめて解釈しようとしていた。

3 デカルトは、こんなことでは混迷しかもたらされないと考え、③自然現象の説明から「心」や「意志」を取り除いた。物体が落下するのも、磁石が磁力で鉄をひきつけるのも、何か無機的、機械的な力があればよいので、そこに物体が持つ「欲求」という概念を持ち込む必要はない。彼は、ヒト以外の動物の存在と行動も、「心」を取り除いて機械的な仕組みだけで理解できると考えた。

4 それでは、人間自身はどうだろう？ 私たちが「心」を持っているのは自明だった。なにしろ、「我思う、ゆえに我あり」の洞察を持ったのが、デカルト自身なのだから。考えた末に、彼はヒトの「からだ」と、「心」を峻別する心身二元論を提唱した。からだは単なる機械として理解できるが、「心」はからだの(オ)範疇

22 二元論…物事を異なる二つの要素や原理に基づいて捉えようとする立場。

重要語句

1 峻別　7 骨子　8 有機的　16 混迷　21 洞察　22 範疇

本文の展開

1【序論】
デカルト＝①［　　　］
自然観を提唱
・自然界は巨大な機械のようなもの
・「心」を持ち込む必要はない

2 3【本論】
有機的自然観（　　）
「心」や「意志」を非生物的現象にも当てはめて解釈 → 混乱

自然現象の説明から「心」や「意志」を取り除く
機械的な仕組みだけで理解

4【結論】
しかし 人間＝心を持つ ←

には属さない。「心、魂」は、物質世界とは無縁な、神が人間に与えたものである、という結論である。

問一 漢字 傍線部㋐〜㋔のカタカナを漢字に改め、漢字には読みを示せ。［2点×5］

㋐ **レンキン**術
㋑ **ケッショウ**
㋒ **タイジ**
㋓ **フズイ**
㋔ **範疇**

問二 語句 波線部「オカルティズム」の意味を次から選べ。［3点］

ア 占星術信仰
イ 超自然力信仰
ウ 超能力信仰
エ 霊力信仰

問三 文脈 空欄A・Bに入る漢字二字の語句を本文中から抜き出せ。［2点×2］

A
B

問四 指示 傍線部①「それ」とは何を指すか。本文中の語句を用いて十字程度で答えよ。［5点］

問五 文脈 傍線部②「そこに帰りたいと欲するから落下するのだ」というとらえ方は、どういう考え方に基づいているか。③段落から十五字以内で抜き出せ。［5点］

問六 理由 傍線部③とあるが、デカルトがそうした理由を本文中の語句を用いて四十字以内で説明せよ。［7点］

「からだ」と「心」を峻別
物質 ＝ 神が人間に与えたもの
⬅
② を提唱

▼**1** 空欄①・②にあてはまる語句を本文中から抜き出せ。［3点×2］

▼**2** ◌にあてはまる記号を次から選べ。［4点］

ア ⬅（因果関係）
イ ＝（同義関係）
ウ ⬌（対比関係）

問七 主題 本文の内容と合致するものを次から選べ。［6点］

ア 機械論的自然観はあらゆる現象についての説明を可能にしたものである。
イ 心身二元論は科学の及ばない「心」の問題について言及している。
ウ デカルトは近代科学の発展に大きく貢献した人物であり評価されている。
エ 有機的自然観と機械論的自然観は現代も併存する科学的な概念である。
オ 有機的自然観は近代自然科学の出発点となった画期的な理論である。

27 管絃祭

竹西寛子

1 お母さんは女学生で、軍の工場に動員されていたのよ。寮は呉に近かったし、運の悪いことに、その二日前から熱を出していたので、八月六日のうちには広島の町に戻れなかった。おじいさんは、たぶん学校か工場のどちらかに向かう途中だったと思うけれど……。

2 治子は、康彦に答えているのか自分に言っているのかよくわからない。母は、隣組の人たちと疎開跡の整理に出ていなければ、家にいたはずだ。猛火でとても近づけなかったろうとは言われるけれど、もしもあの日のうちに町に戻っていれば、父か母のどちらかの最期にでもあえていたのではないか。自分の家の跡に、たとえ㋐ヒトニギりのもの、一片のものにせよ、私を育ててくれた人のかたみを確かめることもできたのではなかったか。①その悔いに治子の縛られた年月は長い。タイル張りだった風呂場の跡、飴状に溶けて流れている罎類の位置でそうと知られる炊事場と、これもタイル張りの見覚えのある流し、㋑ヘイの下の敷石、根元のほうだけ消し炭状になって残っていた玄関先の樫、それらで判断してわが家の前に立ったとき、目の前の焼け跡は、余燼でまだ熱くくすぶっていた。

　山なみがぐっと迫って見えた。どの方角とははっきりは言えないが、火の手がいくつも上がっていて、煙がひしゃげた町の上空を広く㋒ニゴらせている。涙もなく、治子はただ父親と母親の笑顔に招かれていた。何はさておき二人を探し出さねば、と思った。

　怒りもなかった。悲しみもなかった。ただ㋓トウワクの中で、時々不吉な予感におびえた。なぜこんなことに。この先、どうやって親を探せばいいのだろう。声も出ないほどにむごく変わり果てた町なのに、そして、自分は一刻もこうしてはいられないはずなのに、途方もなく間延びしたような柔和な時間が流れてもいる。あの焼け焦げた電車の中はまだ探していない。あの道のわきに寄せ集められている屍体もまだ。橋のたもとにも行ってみなければ、にわか造りの救護所にもと、後にたって思い返せば、この自分のしたことかと思われるほどの動きではあったが、焼け跡で知った穏やかな時間のことも治子は忘れられないのである。

　爆風で欄干の倒れた橋を行くのがあれほど不安なものだとは、治子は考えてみたこともなかった。㋔クズれ残った鉄筋コンクリートの建物を日よけにして汗をぬぐっていたとき、同じようにそこへ日陰を求めに来た老人夫婦らしい二人連れに焼きむすびをもらった。②親がこの私を見たら何と言うだろう。治子は自分になお食欲のあるのが哀れであった。③はじめて涙が出た。二人連れがうらやましくもあった。身内にゆっ

本文を読む前に

重要語句
1 動員
4 疎開
11 余燼

知・技	/13
思・判・表	/37
合計	/50

目標解答時間 15分

本文の展開

1 【康彦への語り】……
〈治子の被爆体験〉
・女学生時代、軍の工場に動員
・寮は呉にあり、二日前から発熱
→八月六日に広島の町に戻れなかった

2 【残り続ける後悔と回想】……
・後悔：両親の［①　］にあえず
かたみを確かめられなかった
回想1…焼け跡のわが家
〈治子の心情〉両親を探さなければ
・焼け跡で両親を探す
回想2…爆風で一変した町
〈治子の心情〉怒りも悲しみもない
トウワク・不吉な予感におびえる
（　）
間延びしたような柔和な時間
回想3…日陰
・老人夫婦に焼きむすびをもらう
・はじめて［②　］が出た
・悲しみと怒りが広がる

くりと悲しみが、怒りが広がってきた。しかしそのよりどころは、容易につきとめられるようなものではなかった。

問一 **漢字** 傍線部㋐～㋔のカタカナを漢字に改めよ。［2点×5］

㋐ **ヒトニギ**り

㋑ **ヘイ**

㋒ **ニゴ**らせて

㋓ **トウワク**

㋔ **クズ**れ

問二 **語句** 波線部「よりどころ」の意味を次から選べ。［3点］

ア 根拠　**イ** 理屈

ウ 結果　**エ** 象徴

問三 **文脈** 本文の初めの三行は主人公が自己の体験を相手に直接語る形式をとっているが、誰が誰に対して語っているのか。適当なものを次から選べ。［5点］

ア 康彦から母の治子に

イ 治子から孫の康彦に

ウ 康彦から娘の治子に

エ 治子から息子の康彦に

オ 治子から恋人の康彦に

▼**1** 空欄①・②にあてはまる語句を本文中から抜き出せ。［3点×2］

▼**2** ◯にあてはまる記号を次から選べ。［4点］

ア ⬅（因果関係）

イ ＝（同義関係）

ウ ⬌（対比関係）

問四 **内容** 傍線部①とあるが、治子はどうすればよかったと考えているのか。解答欄に合う形で本文中から十五字以内で抜き出せ。［7点］

よかった。

問五 **主題** 傍線部②の治子の心情を、本文中の語句を用いて四十字以内で説明せよ。［8点］

問六 **理由** 傍線部③とあるが、治子が「涙が出た」理由として適当なものを次から選べ。［7点］

ア 両親の死による怒りで混乱していたが、老人夫婦と出会ってその優しさに感激したから。

イ 緊張と不安が老人夫婦の心遣いで緩み、自分の境遇を認識し悲しく情けなくなったから。

ウ 一瞬のうちに日常生活が一変し、悲しみや怒りの原因が整理できずトウワクしたから。

エ 孤独を痛感し、悲しみや怒りのやり場が見つからずやるせない気持ちになったから。

オ 家も家族も失った事実に耐えられず、涙で老人夫婦を困らせてやつあたりしたかったから。

28

飛ばないで飛ぶために

堀江敏幸（ほりえとしゆき）

▶ 本文を読む前に

1 大学教師の役割を演じるにあたってたいていの同僚諸氏が無造作なふりをしながら多用する台詞（せりふ）に、①最近の学生は本を読まない、というよく知られたa紋切り型がある。ほんとうのところ、主語の部分は「私」でも「最近のひとは」でも、何を挿入してもいいのだが、［A］学生を代入している以上、こちらにも多少の思惑があって、そのおおもとは間違いなく彼らへの期待と励ましとそれにまさる懇願である。しかし真面目な学生の中には、この種の紋切り型に込められたメッセージを読み取り損ねて表面だけを撫（な）で、くってかかる者もいる。自分も、まわりの仲間たちも、あれこれやりくりをして本を買っているし、図書館だって日々利用している。何もしていない㋐ナマけ者たちといっしょにしてくれるな、というわけだ。

2 なるほど、その気持ちは理解できる。かたちだけでも教育者の顔をしなければならない者が期待しているのは、まさにその種の反論なのだ。何度目かにそんな頼もしい学生に出会ったとき、だから私は、君は最近どんな本を読みましたか、と質問してみた。すると彼は（男子学生だった）何冊かのタイトルをすらすらあげて、おまけに洋書まで読んだことを示唆してくれたので、内容をきちんと確認したあと、b満を持して、かつ胸の奥に突き刺さるような自戒を込めて、恩師が同様の場面で口にした台詞を㋑フクショウしてみたのである。

3 「君の場合、それらは本にカウントしません。」

4 なぜなら、教室にいた仲間たちをなかば見下すようにやや㋒コウゲキ的な口調でその学生があげてくれた書物は、すべて彼自身の専門分野に属するか、その周辺にある本ばかりだったからだ。そして、今の台詞が借りものであることも明かしてこう付け加えた。私が君と同い年くらいだったころ、ある先生がほぼ同様の状況でこんなふうに言われたことがあります、専門分野とその関連領域を読むのは、学生であれば当然のことだ、読んで当然のものを読んだって、引かれた線路の上を走っているようなものではないか、それではいつまでたっても自分の島から離れられはしないんだよ、と。

5 できるできないは別として、これは要するに、②定められた領空の、定められた空路に沿って飛ぶなという理想の提示である。そして、是非とも現実に近づけるべき理想でもある。誰もが似たような速度、似た

重要語句

32 トランジット…経由地で一時的に寄港すること。

5 くってかかる

14 カウント

26 ショートカット

38 叱責

本文の展開

1～4【学生への読書指導】……

〈筆者〉「最近の学生は本を読まない」という紋切り型

＝

［彼らへの期待と励ましとそれにまさる懇願］

〈学生〉この種の紋切り型に込められたメッセージを読み取り損ねる

↓くってかかる

↓［読んだ本］のタイトルをあげる

〈筆者〉「君の場合、［それら］は本にカウントしません。」

（　）

［学生の専門分野に属するか、その周辺にある本］

←

［学生であれば読んで当然のものを読むのは、①［　　］を走るようなもの］

知・技	/16
思・判・表	/34
合計	/50
目標解答時間	20分

ような高度で飛んでいては、見えてこないものが多すぎるからだ。規定の路線を安易に飛ぶくらいだったら、いっそ飛ばずに同じ効果が得られる術（すべ）を見いだそうと努めるべきだろう。たとえば、頭の中で、二つの光景を突き合わせてみる。訪れたことのある土地でも、自分の中に囲い込んできた夢の場所であっても、とにかく二つ並べてみて、その間の移動の道筋を通常のものとは異なるようショートカットする。順序を変えるというより、この次にこれが来るはずだ、とする思い込みの部分を間引くのである。

6 また、③それとは逆に、最初から異質だとわかっている光景を並べて、間に、どこに開かれているのだかわからない夢想の通用門を用意してやる、という手もある。それを強引に書物の世界へ引き込んでみると、おそらく引用と呼ばれる「どこでもない」場所に近づいていくだろう。引用とは、書くことと読むことをつなぎながら、しかも現実の世界には降りないための空港の滑走路みたいなもので、もしうまく運べば、読者はその滑走路脇のターミナルで永遠のトランジットとして身を休めたり、喉の㋓カワきを潤したり、空腹を満たしたり、電話で外部と連絡をとったりできるばかりでなく、語りの中にあるもう一つの語りに飛んだまま、そこから出てこなくてもよくなる。

7 振り返ってみると、私はそんなふうに、今にも動き出しそうな気配を抱えたまま飛ぼうとしない旅客機に乗るか、もしくは飛ばない旅客機そのものになって、いろんな声が聞こえてくる引用の滑走路の一角でじっとしているような、動かない旅をしたいと思い続けてきたのかもしれない。定められたものだけに親しんでいれば、「それは本にカウントしない」と叱責されるだろう。楽しい読みに興じるには、ときには、弱みを、機体の腹を見せなければならないのだ。㋔ハずかしさを乗り越えて④いつまでもその場にとどまることで、逆に現実への豊かな門が開かれるかもしれないのである。その門のかたわらに立っている見えない税関吏たちの前を、何食わぬ顔で通り過ぎるための通行証があるとしたら、私はそれをいつ、どんなふうに手に入れることができるだろうか。

---

5 6 **【理想の読書方法】**…………

● **読書を空路を飛ぶことにたとえる**

A (1)頭の中で、二つの光景を並べる
(2)その間の移動の道筋を［ショートカット］する
　└思い込みの部分を間引く

B (1)最初から異質だとわかっている光景を並べる
(2)間に、どこに開かれているのだかわからない［夢想の通用門］を用意する
　＝② ［　　］

7 **【「楽しい読み」のために】**…………

● **楽しい読みのために**

・定められたものだけに親しむ
　↓叱責される
・ときには、弱みを見せなければならない

▼**1** 空欄①・②にあてはまる語句を本文中から抜き出せ。［3点×2］

▼**2** ◯にあてはまる記号を次から選べ。［4点］

ア ⬅（因果関係）
イ ⬌（対比関係）
ウ ＝（同義関係）

［　　］

問一 漢字 傍線部㋐～㋔のカタカナを漢字に改めよ。〔2点×5〕

㋐ **ナマ**け者

㋑ **フクショウ**

㋒ **コウゲキ**

㋓ **カワ**き

㋔ **ハ**ずかしさ

問二 語句 波線部a「紋切り型」b「満を持し」の意味を次からそれぞれ選べ。〔3点×2〕

a **ア** 格調の高い言い方 **イ** 無造作な言い方
ウ 少し変わった言い方 **エ** 決まり切った言い方

b **ア** よく考える **イ** 十分に準備する
ウ 勢いをつける **エ** 様子を見る

問三 文脈 本文中の空欄Aに入る語を次から選べ。〔3点〕

ア むしろ **イ** あえて **ウ** まさしく
エ たとえ **オ** よもや

問四 内容 傍線部①には、学生に対する筆者のどのような思いがこめられているか。本文中から十五字で抜き出し、初めと終わりの五字で答えよ。〔5点〕

～

問五 理由 傍線部②とあるが、筆者はなぜこう述べているのか。次の文の空欄にあてはまる語句を、本文中から十三字で抜き出せ。〔5点〕

定められた空路を飛ぶだけでは、［　　］から。

問六 指示 傍線部③とはどのような方法か。「移動」という語句を用いて、四十字以内で答えよ。〔6点〕

問七 主題 傍線部④とあるが、これは、どのようなことを言っているのか。最も適当なものを次から選べ。〔5点〕

ア 二つの似た内容のものを比べて、自分独自の視点で異なる点を探すことで、読書の楽しみが何倍にも広がる可能性があるということ。

イ ある書物の中の引用されている部分について、その引用元の作品をきちんと読むことで、その書物の内容がより深く味わえるということ。

ウ 引用というどこでもない場所について夢想しながら本を読むことで、現実の生活が違ったものに見えてくるかもしれないということ。

エ 引用を通じて異質だったり思いもよらなかったりする世界と自由につながった状態を保つことで、自分の世界が広がる可能性があるということ。

オ 定められた本を読むときでも、常識と異なる見方で読もうとすることで、自分独自の世界観が構築されていく可能性があるということ。

29

知性の公共的使用

鷲田清一（わしだきよかず）

本文を読む前に

1 専門家への信頼の根は、おそらくいつの時代も、彼がその知性をじぶんの利益のために使っていないというところにあるのであろう。このことを、カントは「理性の公的使用」と呼んだ。たまたまじぶんに恵まれた知的才能を、じぶんのためではなく、他者たち、もっと正確にいえば人類のために使うということである。

2 興味深いのは、カントがこれに対して①知性の「私的使用」と呼ぶのは、意外にも、その言葉から予想されるようなプライベートな使用、つまり自己利益のための個人的使用のことではない。カントはいう、「私は、自分自身の理性の公的使用を、ある人が読者世界の全公衆を前にして学者として理性を使用することと解している。私が私的使用と名付けているのは、ある㋐イタクされた市民としての地位もしくは官職において、自分に許される理性使用のことである」（『啓蒙（けいもう）とは何か』福田喜一郎訳）、と。

3 つまりカントは、特定の社会や集団のなかでみずからにあてがわれた地位や立場に従ってふるまうことこそ「理性の私的使用」だとしている。いいかえると、割り当てられた職務を無批判的に全うすること、たとえば組織内の立場に照らした発言をすること、上司の指示にひたすら［ A ］に従うということ、これこそが「私的」な使用だというのである。この批判性の欠如は、現にある秩序を強化する制度の論理には資するであろうが、制度のあり方そのものの㋑コンキョへの問いは封じられている。それは既存の制度を存続させるために必要なことだけにおのれの知性を使用することで、みずから技術的な知性に堕している。そこでは何がよいことかの判断は停止したままである。

4 これに対して、カントのいう「理性の公的使用」――わたしたちはここでこれを「知性の公共的使用」といいかえたい――とは、職務から、つまりある集団や組織のなかでおのれに配置された地位や業務から離れて、②「世界市民社会の成員」として、おのれの知性を用いるということである。

5 そうだとすると、現代社会では、組織を護（まも）るために、そしておのれが属する組織に責任がふりかからないように、そのための作文に自身のすべての知性を用いているようにみえる公務員も、みずからの勤務する学校の偏差値を上げることに㋒ケンシン的な努力をしている教員も、みずからの順位を上げるために必死

23 **このたびの震災対応**…東日本大震災のときの福島第一原発事故において、政府、東京電力、原子力工学の専門家が統一見解を出せなかったために不信を招いたことをさす。

37 **トランスサイエンス的**…科学や個別専門領域を超えた選択、判断が要求されるさま。

39 **ソリッドな**…固定的な。

41 **リキッドな**…流動的な。

重要語句

2 カント　28 恵まれた才

本文の展開

1～4 【理性の公的使用・私的利用】

理性の公的使用…恵まれた知的才能を人類のために使うこと

＝「①［　　］使用」

理性の私的使用…既存の制度の存続のためだけに知性を使用／善悪の判断は停止

5 【現代社会の実状】……………

知性の「私的」利用

〔震災対応における政治家・官僚など…職務にひたすら「忠実」な行動〕

知・技	/13
思・判・表	/37
合計	/50
目標解答時間	20分

で受験勉強に(エ)ハゲんでいる生徒も、みな知性を「私的」に使用していることになる。おなじ意味で、このたびの震災対応において、政治家・官僚も電気事業関係者も工学研究者も、みなみずからの職務にひたすら「忠実」な行動しかしなかった。つまり、その知性を「私的」に使用した。そう、「わたし（たち）」の問題をいっしょに考えてくれるひとではなかったのである。市民が専門家への不信をつのらせた理由は、ひとえにそこにあったとおもわれる。

6 恵まれた才(gifted talent)をおのれのためにではなく公共的なことがらのために用いること、おのれの才のこのような他者への(オ)ムショウの贈与、そこにカントは人間の真の「自由」、真の批判性を見たのだが——英語のリベラル（liberal）の第一の意味が「気前がよい」だということ、このリベラルの名詞には二つ、「自由」を意味するリバティと③「気前のよさ」と「寛容」を意味するリベラリティとがあることをここで思い出したい——、わたしたちの文脈でとらえなおせば、真にプロフェッショナルな専門的知性への信頼もこの「公共的な使用」にこそ根づくということになろう。みずからの手柄ではなく贈られたもの（＝恵まれた才）は、他者へと贈り返されるべきもの、他者へと贈り継がれるべきものであって、おのれの下に留め置くべきものではない。このことをカントは「理性の公的使用」ということでいわんとしたのだろう。〈中略〉

7 一般に、制度化された組織では、なすべきことはその分類にしたがってどんどん［B］され、［C］されてゆく。トランスサイエンス的な状況においては、それらの間隙を見過ごさないこと、それらをたがいに瓦のように重ね合わせてゆくことが求められる。そのときはたらく知性は、つねに問題の全体をケアするものでなければならない。いいかえると、融通のきかない専門家主義のソリッドな知性に対して、みずからに割り当てられた業務を超えて、他者を案じ、全体に気を配りつつ、そのつどの状況に可塑的に対応できるリキッドな知性こそが、ここでは験(ため)しにかけられる。あるいは、既定の制度からは見えない存在、外れてしまう存在、それにも応答してゆこうとするのが「知性の公共的使用」のことだといってもよい。

（　）「わたし（たち）」

6 **【理性の公的使用】**……

〈カント〉
恵まれた才は「公共的」に用いること
＝他者への［②　　　］
↑人間の真の「自由」・真の批判性
⇑
〈筆者〉
贈られたものは、他者へと贈り返されるべきもの、他者へと贈り継がれるべきもの

7 **【知性の公共的使用】**……

制度化された組織
↓トランスサイエンス的状況で求められる知性
＝
問題の全体をケアし、割り当てられた業務を超えて、状況に可塑的に対応できる知性
＝「知性の公共的使用」

▼**1** 空欄①・②にあてはまる語句を本文中から抜き出せ。［3点×2］

▼**2** （　）にあてはまる記号を次から選べ。［4点］

ア ➡ 不信感
イ ＝ 連携
ウ ⬅ 締め付け
エ ➡ 信頼

［　　］

問一 漢字 傍線部㋐〜㋔のカタカナを漢字に改めよ。 [2点×5]

㋐ イタク

㋑ コンキョ

㋒ ケンシン

㋓ ハゲんで

㋔ ムショウ

問二 語句 波線部「可塑的に」の意味を次から選べ。 [3点]

ア 適切に　イ 柔軟に

ウ 強引に　エ 緊密に

問三 内容 傍線部①の説明として適当なものを次から選べ。 [3点]

ア 属する組織を強化するために組織を批判すること。

イ 個人や身内の利益のために他を顧みずふるまうこと。

ウ ある社会や集団の中の地位や立場に従ってふるまうこと。

エ 自分のためではなく人類の利益に沿いふるまうこと。

オ 組織を批判することによって利益を生み出すこと。

問四 文脈 空欄Aに入る語を次から選べ。 [3点]

ア 打算的　イ 具体的　ウ 能動的　エ 受動的

問五 内容 傍線部②の内容に当たる部分を、カントの文章を引用した部分から二十五字以内で抜き出し、初めと終わりの五字で答えよ。 [5点]

〜

問六 文脈 空欄B・Cに入る語の組み合わせとして最も適当なものを次から選べ。 [4点]

ア B 細分化　C 規律化

イ B 具体化　C 合理化

ウ B 緻密化　C 固定化

エ B 論理化　C 絶対化

問七 内容 傍線部③から、「専門的知性」について筆者が述べようとしていることを、本文中の語句を用いて三十字以内で説明せよ。 [6点]

問八 主題 本文の内容と合致するものを次から選べ。 [6点]

ア 専門的知性は、獲得したものではなく贈られたものと考えるべきであり、その意味では、企業組織が専門的知性を利用するのは間違いであると言える。

イ 専門的知性は、個人や所属する組織だけのために使用されるべきものではなく、専門家は状況によって問題の全体に配慮した対応をすることが必要である。

ウ 専門家は、常に社会に対して批判性をもっていなければならないが、職務に従属的であることとは切り離して考えられなければならない。

エ 専門家は、社会的問題に対しては特定の分野を超えて対処すべきであり、そのような活動が制度的組織的に行われるようにする必要がある。

オ 専門的知性は、専門家への信頼があるからこそ利用されるもので、制度化された組織のなかで信頼が確立していくものではない。

当たり前を捉え直す視点としての社会学 × 環境・生命文明社会

好井裕明（よしいひろあき）
多田満（ただみつる）

本文を読む前に

知・技	思・判・表	合計
/12	/38	/50

目標解答時間 20分

【文章Ⅰ】

1 社会学には、環境と人間との関係を調べ、考え直すアプローチとして、生活者の立場から環境を考える「生活環境主義」という見方があります。少し考えてみればわかるのですが、私たちは普段の暮らしの中では「環境」という幅広く深遠な、［A］どこか生硬な印象をうける、①よそよそしい概念と常に出会っているわけではありません。

2 たとえば水について考えてみましょう。私は大阪市内にあった平屋の市営住宅で育ったのですが、小学生の頃の昭和三〇年代は、近くを流れる川で遊んでいました。草が茂った土手にはさまざまな虫がいたし、川には魚もいましたが、泳げるほどに水はきれいではありませんでした。ただ父親の話だと、もっと昔は水がきれいで泳いで遊んでいたということでした。大阪市内で泳ぐことができる川があったとは驚きでした。今、その川は護岸工事が㋐カンペキになされ、コンクリートブロックの㋑テイボウが続いています。さまざまな虫をとって遊んだ雑草の土手は消えてしまっているのです。

3 私は、この川のことを「水環境」などと当時考えたことはなかったと思います。泳げないけれど、危険な箇所には近寄らないように常に注意しながら、でもできるだけ面白く㋒シゲキ的になるよう、どう遊べるのかを友達と一緒になって考えていたはずです。［B］私たちは、どのようにすれば上手に川で遊べ、川とつき合っていけるのかをめぐり、さまざまに「智恵（ちえ）」を働かせていました。

4 汚染が徐々に進んでいる川。その川とどのようにうまく関係を続けていけるのか。私たちにとって、「智恵」は、ただ楽しく遊ぶためのものにしか過ぎないのですが、それは確かに「水環境」の変化（悪化）に響き合う歴史的な営みとも言えます。

5 このような見方から考えれば、環境は、私たちの日常の暮らしから切り離されて存在するものではありません。それは生活の場面で常に具体的に立ち現れる現象とでも言えるでしょう。具体的な現象として立ち現れるさまざまな問題に対して、私たちが、生活する現場でどのような論理を生み出し、どのような思いで対処しようとしてきたのでしょうか。いわば②生活者の論理や思いとでもいえるものが、日常の暮らしという歴史の中で、重要な智恵としてどのように生きられてきたのかを丁寧に聞き取り、調べるとき、生活の現場に根ざし、現場から立ち上がってくる環境問題と人間との関連が見えてくるのです。

【文章Ⅱ】

1 アメリカの環境学者デニス・メドウズ（一九四二―）らの『限界を超えて』（一九九二年）は、その二〇年前に書かれた衝撃のレポート『成長の限界』以後の世界の変化をふまえ続編として出版されました。現代世界がこのまま経済成長を追求すれば、環境破壊を中心として事態はさらに悪化の一途をたどり、人類社会にはもはや破滅しか残されておらず、破滅を避けるためには「持続可能性を追求する革命」が、いま早急に必要であるというものでした。

[2] 二一世紀環境立国戦略（二〇〇七年）で謳（うた）われた低炭素社会、循環型社会、ならびに自然共生社会を統合した社会の構築という基本施策は、今後とも堅持していくべきものでしょう。これらは決して目ざすべき社会が複数存在するわけではありません。それぞれの側面の相互関係をふまえ、わたしたち人間も地球という大きな生態系の一部であり、地球によって生かされているという認識のもとに、統合的な取り組みを展開していくことが不可欠なのです。

[3] 低炭素社会とは、気候に悪影響を及ぼさない水準で大気中の二酸化炭素などの温室効果ガス濃度を安定化させると同時に、生活の豊かさを実感できる社会。循環型社会とは、資源採取、生産、流通、消費、廃棄などの社会経済活動の全段階を通じて、3R、すなわちReduce（リデュース＝廃棄物の発生抑制）、Reuse（リユース＝再使用）、ならびにRecycle（リサイクル＝再資源化）の取り組みにより、新たに採取する資源をできるだけ少なくした、環境への(エ)負荷をできる限り少なくする社会。自然共生社会とは、生物多様性が適切に保たれ、自然の循環に沿う形で農林水産業を行うことで、自然の恵みを将来にわたって享受できる社会のことです。

[4] しかし、東日本大震災（以下、震災）の経験を踏まえ、③安全・安心な社会づくりの重要性が再認識された今、それを三つの社会像にもう一つ付け加えるのではなく、それらの根底にあるものと位置づけることで、持続可能な社会が構築されると考えるべきでしょう。本来、原発再稼働のための安全基準のように「安全」は科学的根拠をもって国が定めるものの、「安心」は主観的概念であるので、個人一人一人が判断するものだという指摘がされています。安全についてのコミュニケーションを十分に取ることで、相互理解が深まり、その信頼関係によって人々は安心を得るのです。ここでの持続可能な社会とは、健康で恵み豊かな環境が地球的規模から身近な地域まで保全されるとともに、それらを通じて世界各国の人々が幸せを実感できる生活を享受でき、将来世代にも継承することができる社会のことです。

[5] 安全・安心で持続可能な社会を構築することは、「地域の活性化」や「ライフスタイルデザイン」といったキーワードを軸とした「環境・生命文明社会」（環境省）の実現へとつながるものです。そのために、二〇世紀の大量生産、大量消費型に代表される物質文明社会から脱し、エネルギーや資源を浪費することなく、自然や人とのつながりを実感できる社会の実現を目ざすのです。これまでの物量的な豊かさだけではなく、日本人が大切にしてきた人と人とのつながり（(オ)レイギ正しさや(カ)ケンキョさ、思慮深さなど）や、自然との共生など生命（いのち）のつながり（いのちの共生）を実感できる質的な豊かさに重点を置いた政策が二〇一四年度から整理・展開されています。環境・生命文明社会が目ざす社会は従来の発想や価値観からの転換を迫っています。

【文章Ⅱ】 14 **東日本大震災**…二〇一一年三月十一日、三陸沖を震源とする東北地方太平洋沖地震による災害及び、これに伴う原子力発電所事故による災害。地震後の津波により大きな被害が生じた。

重要語句 **【文章Ⅰ】** 7 護岸 **【文章Ⅱ】** 6 堅持 13 享受 23 思慮

問一 漢字 傍線部㋐～㋕について、カタカナは漢字に改め、漢字には読みを示せ。［2点×6］

㋐	㋑	㋒

㋓	㋔	㋕

問二 文脈 空欄A・Bに入る語句を次からそれぞれ選べ。［3点×2］

ア しかし　**イ** なぜなら　**ウ** つまり　**エ** もちろん

A □　B □

問三 文脈 傍線部①と対比的な表現を、**【文章Ⅰ】**の本文中から二十字以内で抜き出せ。［6点］

問四 内容 **【文章Ⅰ】**の筆者の少年時代の体験談から、傍線部②に当たる具体的な記述を一文で抜き出し、初めの五字を答えよ。［6点］

問五 内容 傍線部③とあるが、**【文章Ⅱ】**の筆者は、持続可能な社会を構築するために「安全・安心な社会」をどのように見なすべきだと述べているか。次の文の空欄にあてはまる語句を、三十字以内で答えよ。［10点］

安全・安心な社会を□にあるものと見なすこと。

問六 主題 **【文章Ⅰ】**と**【文章Ⅱ】**について書かれた次の小論文の空欄に入る語句を後から選べ。［10点］

【文章Ⅰ】と**【文章Ⅱ】**は、ともに生活者の視点を環境問題の中に取り込むという内容を含んでいる。

一方で、**【文章Ⅱ】**では「安全」は科学の領分、「安心」は個人の判断の領分とされているのに対し、**【文章Ⅰ】**の例では「安全」の判断が個人の領分で扱われている。しかし、この違いを**【文章Ⅰ】**と**【文章Ⅱ】**の決定的な対立点と捉えるのは正しくないと思う。

【文章Ⅱ】には「『安全』は科学的根拠をもって国が定めるもの」とあるが、**【文章Ⅰ】**で示されている「歴史的」な安全の考え方も、実地で用いられていた基準であるのだから、安全の考え方の一つとしてその検討に加わっても何ら矛盾はない。

すなわち、□とみるべきなのではないだろうか。

ア **【文章Ⅰ】**は生活者の視点の重要性を訴えており、**【文章Ⅱ】**は複数の視点が混在する社会における意思決定の指針を示している。

イ **【文章Ⅰ】**は生活者の視点が排除されている現状に抗議しており、**【文章Ⅱ】**はそういった現状を擁護している。

ウ **【文章Ⅰ】**は道徳的な考え方の重要性を強調しており、**【文章Ⅱ】**は合理的な考え方が道徳の基礎であることを訴えている。

エ **【文章Ⅰ】**に述べられている考え方は、**【文章Ⅱ】**で示されている普遍的な規則の重大な例外となっている。

オ **【文章Ⅱ】**で指摘されている二つの領分の区別が、**【文章Ⅰ】**においては形式的なものとして否定されている。

□

訂正情報配信サイト
利用に際しては、一般に、通信料が発生します。

https://dg-w.jp/f/d083e

ニューフェイズ　現代文 2

2024年 1 月10日　初版第 1 刷発行
2025年 1 月10日　初版第 2 刷発行

編　者　第一学習社編集部
発行者　松　本　　洋　介
発行所　株式会社　第一学習社

広　島：〒733-8521　広島市西区横川新町 7 番14号　☎082-234-6800
東　京：〒113-0021　東京都文京区本駒込 5 丁目16番 7 号　☎03-5834-2530
大　阪：〒564-0052　吹田市広芝町 8 番 24 号　☎06-6380-1391
札　幌：☎011-811-1848　仙　台：☎022-271-5313　新　潟：☎025-290-6077
つくば：☎029-853-1080　横　浜：☎045-953-6191　名古屋：☎052-769-1339
神　戸：☎078-937-0255　広　島：☎082-222-8565　福　岡：☎092-771-1651

ホームページ　https://www.daiichi-g.co.jp/

■ ■ ■ 技能別採点シート ■ ■ ■

	知識・技能		思考力・判断力・表現力							合計
	漢字	語句	指示	理由	文脈	内容	表現	主題	本文の展開	
1	/10	/3		/6	/7	/6		/8	/10	/50
2	/10	/4	/5		/2	/13		/6	/10	/50
3	/10	/6			/3	/14		/7	/10	/50
4	/10	/3		/14	/4	/4		/5	/10	/50
5	/10	/3	/4	/16				/7	/10	/50
6	/10	/6			/4	/14		/6	/10	/50
7	/10	/3			/7	/15		/5	/10	/50
8	/10	/4			/14	/10	/2		/10	/50
9	/10	/3		/11	/11			/5	/10	/50
10	/10	/3		/12	/10			/5	/10	/50
11	/10	/6		/6		/10		/8	/10	/50
12	/10	/3		/14		/6		/7	/10	/50
13	/10	/3		/7	/8	/7		/5	/10	/50
14	/10	/4		/7	/8	/5		/6	/10	/50
15	/10	/3			/19			/8	/10	/50
16	/10	/4			/9	/10		/7	/10	/50
17	/10	/6	/6		/3	/25				/50
18	/10	/3			/6	/16		/5	/10	/50
19	/10	/6		/4	/3	/10		/7	/10	/50
20	/10	/6	/7		/8	/10		/9		/50
21	/10	/6		/7	/5	/6		/6	/10	/50
22	/10	/4		/6	/4	/12		/4	/10	/50
23	/10	/6		/6	/5	/7		/6	/10	/50
24	/10	/3		/16	/11				/10	/50
25	/10	/6	/4	/4		/11		/5	/10	/50
26	/10	/3	/5	/7	/9			/6	/10	/50
27	/10	/3		/7	/5	/7		/8	/10	/50
28	/10	/6	/6	/5	/3	/5		/5	/10	/50
29	/10	/3			/7	/14		/6	/10	/50
30	/12				/12	/16		/10		/50